Marcus C. Leitschuh (Hg.)
Worte für den Frieden

Worte für den Frieden

Gebete – Gedanken – Gedichte

Herausgegeben
von Marcus C. Leitschuh

Mit einem Vorwort
von Bischof Heinz Josef Algermissen

Verlag Butzon & Bercker Kevelaer

Auf dem Umschlag und den Zwischenseiten im Text findet sich das Wort „Frieden" außer auf Deutsch in folgenden Sprachen: **Barish** – Türkisch; **Damai** – Indonesisch; **Eirene** – Altgriechisch; **He Ping** – Chinesisch; **Heiwa** – Japanisch; **Lumana** – Hausa (Nigeria, Niger, Nord-Ghana, Nord-Togo, Sudan); **Mir** – Bosnisch, Bulgarisch, Kroatisch, Russisch, Serbisch, Slowenisch, Tschechisch, Ukrainisch; **Pace** – Italienisch, Rumänisch; **Paco** – Esperanto; **Paix** – Französisch; **Pax** – Lateinisch; **Paz** – Portugiesisch, Spanisch; **Peace** – Englisch; **Salaam** – Arabisch; **Shalom** – Hebräisch; **Shanti** – Hindi (Indien), Bengalisch; **Vrede** – Afrikaans, Niederländisch.

Bibliografische Information Der Deutschen Bibliothek

Die Deutsche Bibliothek verzeichnet diese Publikation in der Deutschen Nationalbibliografie; detaillierte bibliografische Daten sind im Internet über http://dnb.ddb.de abrufbar.

Das Gesamtprogramm von Butzon und Bercker finden Sie im Internet unter www.bube.de

ISBN 3-7666-0532-1

© 2003 Verlag Butzon & Bercker D-47623 Kevelaer
Alle Rechte vorbehalten.
Umschlaggestaltung: Elisabeth von der Heiden, Geldern
Satz: Fotosatz Rosengarten, Kassel
Druck und Bindung: Koninklijke Wöhrmann B. V., Zutphen (NL)

Vorwort

Liebe Leserinnen und Leser,

wenn wir uns in der gegenwärtigen Welt umsehen, zeigt sich uns leider immer wieder die folgende verfahrene Situation: Kaum ist an einem Ort Friede möglich geworden, flammen schon an einem anderen wieder Kriege und Gewalttaten auf. Dazu kommt noch, dass oftmals Gewalt selbst als ein notwendiges Übel in Kauf genommen wird, um den verlorenen Frieden wieder herbeizuführen.
Geradezu unglaublich mag uns dagegen das Bild erscheinen, das uns im Buch des Propheten Jesaja zu Beginn des 11. Kapitels vor Augen geführt wird: Wolf und Lamm, Panther und Böcklein, Kalb und Löwe liegen friedlich beieinander, und das kleine Kind streckt seine Hand in die Höhle der giftigen Schlange. Nichts Böses geschieht mehr. Ist dies nur ein Bild für die jenseitige Welt? Kann das Unglaubliche nicht doch wahr werden?
„Frieden hinterlasse ich euch, meinen Frieden gebe ich euch" (Joh 14,27), hat Jesus Christus zu seinen Jüngern gesagt. Darin bietet er den Menschen sich selbst als Weg zum Frieden an. Die Selbsthingabe Jesu am Kreuz war und ist das größte denkbare Zeichen des Einsatzes für Liebe und Frieden. Der Friede Christi ist ein Friede, den die Welt nicht geben kann. Die Kirche, in der Christus fortlebt, ist diesem Frieden für alle Zeit verpflichtet, sodass sie sich immer und mit aller Macht für einen gerechten Frieden unter den Menschen einsetzen muss.
Der Friede indes kann durch militärische Gewalt nicht herbeigeführt werden. Das hat Papst Johannes Paul II. am 13. Januar 2003 deutlich gemacht, indem er betonte: „Der Krieg ist niemals ein unabwendbares Schicksal, er

ist immer eine Niederlage der Menschheit!" Es liegt an jedem Einzelnen von uns, sich für Frieden und Freiheit und gleichzeitig gegen Krieg und Unterdrückung einzusetzen. Der Einsatz hierfür ist gut und wichtig, aber er genügt nicht. Wir alle bedürfen zugleich des Friedens Jesu Christi, der allein durch eine ganz grundsätzliche Bekehrung und den Glauben an Ihn, den auferstandenen Herrn, zu erreichen ist.

Eine große Bedeutung für die Herbeiführung des Friedens hat für mich das Gebet. Denn wenn wir Christen um den Frieden beten, dann erbitten wir etwas von Gott, das wir aus eigener Kraft allein niemals zu erreichen vermögen. Gott allein scheitert nämlich nicht an den Grenzen unserer menschlichen Möglichkeiten, und das sollte uns Grund zu einer Hoffnung werden, die über die Welt hinausweist, die aber auch befähigt, diese Welt zu verändern – hin zu mehr Gerechtigkeit und Frieden.

Bei den Texten des vorliegenden Buches handelt es sich zum einen um besinnliche Worte, die Mut machen, aber auch um Gebete für den Frieden, Gedichte sowie Geschichten, die die Sehnsucht nach Frieden ausdrücken. Viele Texte spiegeln auch Dramatik und Not der Menschen wieder, die diesen Frieden suchen. Für Gebet und Meditation, für Gottesdienste oder einfach zum Nachdenken über den Frieden vermögen diese Texte vielfach Anregung und Hilfe zu bieten.

Heinz Josef Algermissen
Bischof von Fulda/Präsident von Pax Christi Deutschland

Besser als tausend nutzlose Worte ist ein einziges Wort, das Frieden stiftet.

Dhammapada – Worte Buddhas

Schalom

Der Begriff „schalom", den Jesus verwendete, ist umfassender als unser Wort „Friede". Wenn man sich noch heute mit „schalom" oder arabisch „salaam" grüßt, so wünscht man sich „alles Gute", das, was der andere braucht, um ein menschenwürdiges und innerlich wie äußerlich zufriedenes Leben führen zu können. Darauf ist Gott aus: Er will, dass der Mensch mit ihm, mit sich selbst und mit seinen Mitmenschen im Reinen ist und somit Anteil hat an seinem Werk. Denn Gott ist ein „Gott des Friedens" (Röm 15,33).

Heinz Gerlach

Versöhnung

Versöhnung, Verzeihen und Frieden bedingen einander und müssen zusammen gedacht werden, wenn wir eine Vision von Frieden entfalten wollen.
Deshalb ist Friede mehr als die Abwesenheit von Krieg; er ist mehr als das, was Politiker in oft mühsamen Verhandlungen erreichen; er ist auch etwas anderes als die Bereitschaft zum Kompromiss um des lieben Friedens willen. Dieser Friede hat auch nicht schon etwas damit zu tun, dass man sich verträgt und einander wohl gesonnen ist. Jesus macht es in seinen Abschiedsreden deutlich, wenn er den Jüngern sagt: „Frieden hinterlasse ich euch, meinen Frieden gebe ich euch, aber nicht wie die Welt ihn gibt, gebe ich ihn euch."

Reinhold Kircher

Gebet

Herr und Gott!
Der du Geheimnis
und Grund aller Dinge bist,
der du alles an dich ziehst,
aber dem Menschen die Freiheit lässt zu dir zu gelangen,
der du vollkommen gerecht bist
und Barmherzigkeit und Vergebung willst.
der du der Reiz jeder Schönheit bist
und die Weisheit jeder Wahrheit:

Mach, dass wer dich kennt,
dich bekannt macht,
und wer auf dem Weg zu dir ist,
zu dir gelangt, aber nicht allein,
und wer dich liebt,
etwas von deiner Liebe in der Welt ausstrahlt,
damit du alles in allem bist
und alle in ihrem mannigfaltigen Sein
sich in und mit dir vereint wiederfinden,
um dich anzubeten,
dich zu lieben
und dein Lob zu singen.

Erzbischof Giovanni Lajolo

Selig sind die Friedensstifter

Die Bergpredigt lädt dazu ein, Möglichkeiten gewaltfreien Handelns zu erkunden. Es geht Jesus, dem Bergprediger, nicht darum, Gewalt und Unrecht passiv hinzunehmen oder gar anderen einfach widerfahren zu lassen. Beides zu überwinden ist das Ziel. Selig sind die Friedensstifter. Nicht die Friedfertigen also, sondern die Friedensverfertiger. Das ist die entscheidende Botschaft der Bergpredigt. Mit dem Frieden, um den es hier geht, ist ganz gewiss mehr gemeint als die bloße Abwesenheit von Krieg. Sonst wäre zum Seligpreisen kein Anlass. Und trotzdem gilt, wer Frieden schaffen will, muss die Gewalt bändigen und überwinden.

Bischof Wolfgang Huber

frieden lernen

es war im krieg als ihm
ein viel zu großer helm
ein viel zu großes gewehr
und eine viel zu große schuld
übergeben wurde

nun schweigen die waffen
doch die kinderseele schreit
denn in jeder nacht
kehren die grauenhaften bilder
des kriegs zurück

und die großen kinderaugen
erzählen mit verstörtem blick
von der sehnsucht nach einer zukunft
in der die menschen
frieden lernen

Klaus Vellguth

„Beginnt in euch das Werk des Friedens"

Im zweiten Jahrtausend haben sich viele Christen voneinander getrennt. Werden sie ab jetzt, ohne Aufschub, gleich zu Beginn des dritten Jahrtausends, alles daran setzen, in Gemeinschaft zu leben und damit beizutragen, Frieden auf der Welt zu stiften?
Können die jungen Christen darauf hoffen, dass die Gemeinschaft, die die Kirche ist, zum Sauerteig des Friedens in der Menschheitsfamilie wird? Weithin verlorene Glaubwürdigkeit kann wieder wachsen, wenn die Kirche aus dem Vertrauen, Verzeihen und Erbarmen lebt und in Freude und Einfachheit gastlich offen steht. Niemals auf Abstand, nie in Verteidigungsstellung und befreit von harter Strenge kann die Kirche lebendige Hoffnung vermitteln.

Papst Johannes XXIII., der Mann, der unsere Communauté de Taizé vielleicht am tiefsten geprägt hat, fand vor vierzig Jahren Worte, die ermutigen, Schritte nach vorne zu tun; er sagte unter anderem: „Die Kirche zieht es vor, eher das Heilmittel der Barmherzigkeit anzuwenden als zur Waffe der Strenge zu greifen."
Zahlreiche Menschen wünschen nichts sehnlicher, als in einer Zeit des Vertrauens und der Hoffnung zu leben. Der Mensch kann einen Trieb zur Gewalt haben. Damit auf der Erde Vertrauen wächst, kommt es darauf an, bei sich selbst zu beginnen: den eigenen Weg mit einem versöhnten Herzen gehen, mit den Menschen der Umgebung in Frieden leben.
Seit den Anfängen war uns in Taizé immer klar: Das Evangelium lädt nicht dazu ein, wohlfeile Betrachtungen über den Frieden anzustellen, es ruft jeden Menschen auf, zu lieben und es durch das eigene Leben zu sagen. Unser

Leben macht unsere Hoffnung glaubwürdig. Im vierten Jahrhundert schrieb Ambrosius von Mailand: „Beginnt in euch selbst das Werk des Friedens, und wenn ihr zum Frieden gefunden habt, gebt den Frieden anderen weiter."

Frieden auf der Erde bahnt sich an, wenn sich jeder von uns zu fragen wagt: Bin ich darauf aus, inneren Frieden zu suchen? Kann ich dort, wo ich lebe, Träger des Vertrauens sein und die anderen immer mehr verstehen? Man tut gut daran, sich zu vergegenwärtigen: Wenn sich Jugendliche auf solche Weise im eigenen Leben für den Frieden entscheiden, tragen sie eine Hoffnung, die weithin leuchtet. Jeder Einzelne kann zum Hort des Friedens werden.
Deshalb würde ich mich nicht scheuen, bis ans Erde der Erde zu gehen, um stets neu mein Vertrauen in die junge Generation zum Ausdruck zu bringen.

Frère Roger, Taizé

Suche Frieden

Gott, du bist ein Gott des Friedens.
Ermutige uns in diesen Zeiten der Unsicherheit,
damit wir Versöhnung suchen und nicht Streit,
damit wir dem Frieden nachjagen
und nicht dem Feind,
damit wir die Zukunft erringen und nicht den Sieg.
Segne unser Handeln,
auf dass wir zum Segen werden
für unsere Welt.

Claudia Auffenberg

> Mit einer geschlossenen Faust
> kann man keine Hände schütteln.
>
> *Indira Gandhi*

Jerusalem 2001

In der Altstadt Jerusalems
Kindergeschrei

Die Jungen
Isaak und Ismael
spielen

Ball mit Bomben

Ihre Mütter
Sara und Hagar
vergraben
wie einst Rahel
ihr Gesicht
in den Händen

Den gemeinsamen Vater

Abraham

haben alle
längst vergessen.

Angelika Wildegger

Dauerhafter Frieden?

Armut, Unterdrückung, Unrecht erzeugen Unfrieden.
Friedensappelle verhallen dort, wo Unrecht bleibt.
Armut lindern, Unterdrückung beenden, Unrecht bereinigen sind erste, wichtige Friedensschritte.

Doch hat der keimende Friede dann Bestand?
Nicht alle Wunden heilen. Tief eingegraben in die Seele bleibt mancher Schmerz, der erneut wieder losbrechen kann. So werden manchmal Opfer zu neuen Tätern.

Dauerhafter Frieden ist erst möglich, wenn über die Beseitigung des Unrechts hinaus die verletzten Seelen Heilung erfahren haben.

Friedensarbeit ist Entwicklungsarbeit.
Friedensarbeit ist darüber hinaus
heilende Arbeit mit den verletzten Seelen.

Dieter Appel

Christus ist unser Friede

Wenn wir uns in unseren Kirchen von den Glocken zusammenrufen lassen, um für den Frieden zu beten, wird dies in der Öffentlichkeit als Hinweis auf unser christliches Bekenntnis verstanden: Christus ist unser Friede! Er ist der Botschafter der Versöhnung mit Gott. Alle Menschen lädt er ein, einander zu vergeben. Er preist die Sanftmütigen und Friedfertigen. Aber er erinnert auch an den Hunger nach Gerechtigkeit.
Frieden im Verständnis der Bibel ist keine Indifferenz

gegenüber dem Unrecht. Die Botschaft der Nächstenliebe fordert unser Engagement für gerechte Verhältnisse heraus.

Kann aber ein Krieg wirklich als „ultima ratio" gerechtfertigt sein, um Recht durchzusetzen? In den Kriegen der Neuzeit gerät die Zivilbevölkerung immer mehr in Mitleidenschaft – trotz aller angeblichen Präzision der Waffen. Das Unwort von den „Kollateralschäden" ist uns noch deutlich im Ohr. Mir scheint, dass die Lehre vom „gerechten Krieg" unter den gegenwärtigen Bedingungen kaum herangezogen werden kann, um eine bewaffnete Auseinandersetzung zu rechtfertigen.

Jeder Konflikt bedarf einer genauen Betrachtung – mit Blick auf seine Wurzeln und mögliche Lösungen. Oft befinden wir uns freilich in einem ethischen Dilemma, in dem jede mögliche Entscheidung in Schuldverstrickungen führt. Auch darum ist es nötig, dass wir die Menschen in dieser Situation nicht allein lassen, sondern zum Gebet um Frieden und Vergebung einladen. Der dreieinige Gott schenke uns seinen Frieden.

Bischof Martin Hein

Friedensgebet

Herr Jesus Christus, du Brot unseres Lebens, du hast dich verschenkt und den Tod erlitten, um den Kreislauf von Gewalt und Hass zu durchbrechen. Dennoch ist unsere Welt noch immer durchzogen von Friedlosigkeit, von Hass, Gewalt und Unrecht. Damit dein Friede in unserer Zeit wachsen kann, bitten wir dich um deinen Beistand: Halte in der Kirche die Hoffnung auf dein Reich des Friedens und der Gerechtigkeit wach und lebendig!

Erfülle die Mächtigen in Staat, Militär und Wirtschaft mit der Sorge um Gerechtigkeit und Frieden!
Stärke alle Frauen und Männer mit deinem Geist, die sich in Politik, Gesellschaft und Kirche aktiv für Frieden, Gerechtigkeit und Versöhnung unter Völkern und Menschen einsetzen!
Heile die Wunden des Hasses, die in den Konflikten zwischen Völkern und Menschen aufbrechen!
Zeige dich den Opfern der Kriege und des Unrechts auf unserer Welt als Retter und Tröster!

„Montagsgebet um den Frieden",
Pfarrei St. Vitus, Rottendorf

Und was kommt danach?

Krieg ist keine Lösung, nur Tod und Blutvergießen.
Und was kommt danach?
Jeder weiß, was vor dem Krieg ist und was während des Krieges abläuft,
aber was passiert danach? Flüchtlinge, Trauer …
Und keiner hat wirklich etwas gewonnen.

Lieber Gott,
Bitte hilf uns, in der Zeit des Krieges stark zu sein und nicht aufzugeben!
Unseren Glauben nicht zu verlieren
und für die zu beten, die in Not sind!
Und alles Erdenkliche zu tun,
um ihnen zu helfen!
Bitte, sei bei uns!

Carina Volkmann, 13

Schuldbekenntnis

Vor Gott, unserem Richter,
und voreinander
bekennen wir uns schuldig
des Unglaubens,
der Ungerechtigkeit
und des Unfriedens,
im Kleinen und Großen.
Wir klagen uns an,
dass wir nicht mutiger bekannt,
nicht treuer gebetet,
nicht fröhlicher geglaubt
und nicht brennender geliebt haben.
Wir bitten Gott um Gnade,
um Vergebung unserer Schuld.
Wir hoffen zu Gott,
dass er uns trotz unseres Versagens
noch dazu brauchen kann,
sein Evangelium zu verkünden
und an sein Gebet zu erinnern
bei unserem Volk
und bei anderen Völkern.
Wir hoffen zu Gott, dass durch den
gemeinsamen Dienst der Kirchen
dem Geist der Gewalt
und der Vergeltung, der immer
von neuem mächtig werden will,
in aller Welt gewehrt werde
und der Geist des Friedens
und der Liebe zur Herrschaft
komme, in dem allein
die gequälte Schöpfung
Heilung finden kann.

Gemeinsam mit der ganzen Christenheit
bitten wir Gott um Erbarmen –
um Jesu Christ willen.

Bischof Christian Zippert

> Wer angesichts ungerechter Zustände neutral bleibt, hat die Seite der Unterdrücker gewählt. Hat ein Elefant seinen Fuß auf dem Schwanz einer Maus, und du sagst, du wärest neutral, wird die Maus deine Neutralität nicht schätzen.
>
> *Bischof Desmond Tutu*

Unsere Aufgabe

Unsere Aufgabe ist, dafür zu beten, dass diese Saat des Friedens weiter aufkeimt. Wir brauchen mehr Samariter, die sich von ihrem Glauben anregen lassen und die nicht durch Religionsunterschiede dazu verleitet werden, die anderen zu ignorieren oder gar zu hassen. Wir sind Mitglieder derselben Gemeinschaften auf derselben Erde. Wenn wir uns für den Aufbau des Friedens in unseren eigenen Gemeinschaften einsetzen, so ist dies keine Unredlichkeit gegenüber unseren Religionen und kein Widerspruch zum Geist unserer Religion. Dieser Einsatz ist Teil unserer Berufung. Lasst uns alle daher immer mehr zur Einheit finden und für den Frieden beten!

Setri Nyomi (Weltbund der Reformierten Kirchen),
Friedensgebet Assisi 2002

„Ich teile mit dir, was Gott uns schenkt"

Wenn Kinder und Erwachsene aus unserer Gemeinde das Abendmahl feiern, ist das für uns Christen eine heilige Handlung. Wenn sie dabei das Brot teilen und den Wein oder den Traubensaft, dann sagen sie zum dem, der ihnen am nächsten steht: „Ich teile mit dir, was Gott uns schenkt." Das steht in keinem Lehrbuch. Kinder haben diesen Satz gefunden auf der Suche nach dem, was wesentlich ist. Seither sprechen auch die Erwachsenen beim Abendmahl: „Ich teile mit dir, was Gott uns schenkt."

Jenny, ich teile mit dir, was Gott uns schenkt.
Francoise, ich teile mit dir, was Gott uns schenkt.
Danuta, ich teile mit dir, was Gott uns schenkt.
Mustafa, ich teile mit dir, was Gott uns schenkt.
Giovanni, ich teile mit dir, was Gott uns schenkt.

In diesem einfachen Satz liegt alles verborgen, die Dramatik des Teilens und das Glück gelingender Gemeinschaft. Wird das, was Gott uns schenkt, aufgeteilt in bessere und schlechtere Teile oder wird gar einem Menschen oder einem Volk bestritten und genommen, was Gott ihm schenkt, dann herrscht Krieg.
Nationen, Religionen und Konfessionen sind bis in unsere Tage Anlass von Krieg. Beschämt und bestürzt blicken Christen aller Kirchen und Konfessionen nach Irland, nach Dublin. Beschämt und bestürzt hören Muslime, ihr heiliges Buch, der Koran, rechtfertige und fordere das, was am 11. September geschah.

Wir saßen am Abend des 11. September zusammen, um unseren Teil für ein fröhliches Fest der Nationen, eine heitere und ausgelassene Begegnung der Kulturen vorzubereiten. Da war nicht Deutscher oder Türke. Da war nicht Moslem oder Christ. Da waren wir uns alle eins im Entsetzen, in der Trauer. Wir waren entsetzte, traurige Menschen, Väter, Mütter, Menschen in Sorge. Wir wollten gemeinsam ein buntes Erntedankfest der Religionen feiern, verbunden mit einem Gebet für den Frieden und für unsere Stadt. Trotz aller Trauer und Bestürzung danken wir jeder auf seine Weise Gott für die Gaben, die er uns schenkt und anvertraut.

Was Gott mir gibt, verfehlt seinen Sinn, wenn ich es an mich reiße, wenn ich es nicht teile. Was Gott mir gibt – Hände, Mund, Verstand, Glauben –, kann zu einem mörderischen Instrument werden. Was Gott mir gibt – Leben, Gesundheit, Liebe, Familie, Heimat –, ist bedroht, kann mir bestritten und geraubt werden. Eine Welt ohne Ehrfurcht, eine Welt ohne die Fähigkeit zu staunen – unsere Welt –, eine Welt der raschen Befriedigung und des sich stets steigernden Kitzels, eine Weit des „Mein der Spaß und dein der Hass" ist eine mörderische Welt … Was mir fehlt, ist das intensive Nachdenken darüber, dass wir selbst ein Grund sind für Hass und Armut. Die Selbstgerechtigkeit der westlichen Kultur, die Besserwisserei, die Kälte, die Gewalt, die von dieser Kultur ausgeht, ist immens. Wir leben, als ob es die 30 Millionen Hungertoten im Jahr nicht gäbe. Wir leben, als ob es die 50 Millionen Flüchtlinge nicht gäbe. Wir leben, als ob wir es nicht nötig hätten, von anderen zu lernen …

Die viel beschworene westliche Kultur hat nicht nur Bachs Hohe Messe in h-Moll, die Dramen Shakespeares, das Ulmer Münster, die Sixtinische Kapelle, die individuellen Menschenrechte, die Staudämme der Schweiz, Michelangelos Pieta und Einsteins Relativitätstheorie, das Rote Kreuz und die Entdeckung der Antibiotika hervorgebracht, sondern auch Auschwitz, Verdun, Hiroshima, Seveso, den 30-jährigen Krieg und die vielen Kriege danach, Bildersturm und Judenverfolgung, moderne Sklaverei und die Weltkriege.

Es ist nicht an uns, andere zu belehren und zu bekehren. Es ist an uns, uns selbst zu besinnen.

Gerhard Engelsberger

Gebet für den Frieden der Religionen

O Gott, du bist die Quelle
von Leben und Frieden.

Deine Macht verändert Herzen;
Muslime, Christen und Juden erinnern sich –
und bestätigen es,
dass sie Anhänger des Einen Gottes sind,
Kinder Abrahams, Brüder und Schwestern,
Feinde beginnen miteinander zu sprechen;
die sich fremd waren,
reichen sich die Hände in Freundschaft;
Nationen suchen gemeinsam
nach dem Weg des Friedens.
Stärke unseren Willen, in unserem Leben
diese Wahrheiten zu bezeugen!
Bitte gib uns:
Verständnis, das den Streit einmal beendet,
Gnade, die den Hass einmal erstickt,
und Vergebung, die Rache einmal überwindet.
Für all die unschuldigen Opfer

von Terror und Gewalt
für ihre Familien, ihre Freunde,
für sie beten wir zu dir:
Stärke ihre Hoffnung,
lass sie wissen und fühlen,
dass sie nicht ewig getrennt bleiben,
dass es Liebe und Leben geben wird
und dass da Menschen sind,
überall auf der Welt und jeden Glaubens,
die mit ihnen fühlen, mit ihnen weinen!
Vor dir stehend, teilen wir nun miteinander
einen Moment der Stille.

Gymnasiale Oberstufe Marianum, Fulda

Besser reden, reden, reden
als schießen, schießen, schießen.

*Shimon Peres, ehemaliger israelischer Ministerpräsident,
Friedensnobelpreisträger 1994*

Das Leben feiern

Mitten in Hunger und Krieg feiern wir,
was verheißen ist: Fülle und Frieden.
Mitten in Drangsal und Tyrannei feiern wir,
was verheißen ist: Hilfe und Freiheit.
Mitten in Zweifel und Verzweiflung feiern wir,
was verheißen ist: Glauben und Hoffnung.
Mitten in Furcht und Verrat feiern wir,
was verheißen ist: Freud und Treue.

Mitten in Hass und Tod feiern wir,
was verheißen ist: Liebe und Leben.
Mitten in Sünde und Hinfälligkeit feiern wir,
was verheißen ist: Rettung und Neubeginn.
Mitten im Tod, der uns von allen Seiten umgibt,
feiern wir, was verheißen ist –
durch den lebendigen Christus.

*Vollversammlung des Ökumenischen Rates der Kirchen,
Vancouver 1983*

Ich will

Ich will.
Ich will deine Meinung.
Ich will deine Meinung hören.
Ich will deine Meinung überdenken.
Ich will deine Meinung nicht verunglimpfen.
Ich will deine Meinung neben meiner
stehen lassen können.
Ich will deine Meinung vor anderen verteidigen.
Ich will deine Meinung.
Ich will.
Frieden.

Stephan Weiler

Jesus, sag mal ...

Die Zeitzeichen stehen auf Sturm, die Leute sind beunruhigt, haben Angst. An Stammtischen und im Parlament, im Schulbus und in der Kaffeepause – überall das-

selbe Thema, die gleichen Fragen. Alltäglicher Diskussionsstoff: Gewalt und Krieg.
Allgemeine Ratlosigkeit, Ohnmacht, es gibt Anzeichen von Entmutigung und Verzweiflung. Sag mal, wo und wie fängt denn der Frieden an? Vielleicht mit Nachdenken, vorsichtigem Suchen nach Worten; einander den Frieden erklären, damit keiner mehr den Krieg erklärt? Alles nur Theorie? Betretenes Schweigen ist auch eine Antwort. Unser Schweigen kann der Anfang eines neuen Denkens und Handelns sein. In unseren Köpfen und in unseren Herzen entscheidet sich, ob wir Boten des Friedens werden – oder nicht?

Werner Schaube

> Frieden?
> Drahtseilakt im Zeitalter
> drahtloser Verbindungen.
>
> *Reinhard Schmidt-Rost*

In unseren Gebeten nicht spalten

Lasst uns nicht für Araber oder Juden beten,
nicht für Palästinenser oder Israeli.
Aber lasst uns vielmehr für uns selbst beten,
dass wir sie in unseren Gebeten nicht spalten,
sondern zusammenhalten
in unseren Herzen.

Von einem palästinensischen Christen

He Ping Mir Damai
Eirene Pax Paco
Pace Shanti
Paz Paix Vrede
Salaam
Heiwa Shalom Heiwa
Barish Eirene

*Friede ist allezeit
in Gott,
denn Gott ist Friede.*

Nikolaus von der Flüe

Eirene Pax Paco
Peace Shanti
Paz Paix Vrede
Salaam Heiwa
Eirene Shalom Lumana
Damai Pax
Barish
Frieden Shanti
Vrede Paco

Ich bin Frieden

Ich bin Frieden, umgeben von Frieden, sicher in Frieden.
Frieden schützt mich, Frieden unterstützt mich,
Frieden ist in mir, der Frieden ist mein – alles ist gut.
Friede allem, was lebt,
Friede unter allem, was lebt,
Friede durch alles, was lebt.
Ich bin durchdrungen von Frieden,
in den Straßen, bei der Arbeit,
erfüllt von friedvollen Gedanken,
friedvollen Worten,
friedvollen Taten.

Buddhistische Meditation

Dein Wort ruft uns zum Frieden

Guter Gott, dein Wort ruft uns zum Frieden. Höre unsere Bitten:

Lass die Kirche nie vergessen, dass du ihr mehr ans Herz gelegt hast als den Frieden zwischen Mensch und Mensch, nämlich den Frieden im Zeichen des Kreuzes: die Versöhnung zwischen Himmel und Erde –

Lass die Völker erkennen, dass wahrer Friede weit hinausgeht über die Friedhofsruhe nach dem Schweigen der Waffen, dass er Liebe und Gerechtigkeit voraussetzt, Verständnis füreinander, Teilen miteinander, Freude aneinander –

Lass die Schuldbelasteten unter Jesu Kreuz Befreiung finden und den Frieden des Gewissens; lass alle Schwermütigen und Verzweifelten bei dir geborgen und gestillt sein wie ein Kind an der Mutterbrust, damit ihre Seele im Frieden aufatmen kann –

Lass uns selbst begreifen, dass der Friede ganz klein und alltäglich anfängt: da, wo wir die Waffen unserer verletzenden Worte und geballten Fäuste umschmieden zu Pflugscharen der Güte und Menschenfreundlichkeit, die den Boden bereiten für den Frieden –

Guter Gott, wir danken dir, dass du mit aller Kraft deiner Liebe nur eines willst: unseren Frieden für Zeit und Ewigkeit.

Uli Heuel

> Krieg ist nichts anderes als Drückebergerei vor den Aufgaben des Friedens.
>
> *Thomas Mann*

Terrorismus bekämpfen?

Lässt sich eigentlich der große Krieg gegen den weltweiten Terrorismus biblisch/christlich rechtfertigen?

Zunächst sei vorausgeschickt: Der Terrorismus – also der Kampf um Freiheit, vermeintliches Recht, Unabhängigkeit etc. unter Inkaufnahme von unschuldigen Opfern – lässt sich unter gar keinen Umständen rechtfertigen.
Kein Ziel, sei es noch so edel, kann mit Gewalt durchgesetzt werden. Denn Gewalt kleidet die schönsten Ideale mit der Fratze der Unmenschlichkeit.

Wie aber darf, wie soll der Staat auf Terrorismus reagieren? Zwei Sätze des Apostels Paulus fallen mir dazu ein: „Die staatliche Macht steht im Dienst Gottes, um dich zum Tun des Guten anzuspornen. Wenn du aber Böses tust, musst du dich vor ihr fürchten. Ihre Vertreter tragen nicht umsonst das Schwert. Sie stehen im Dienst Gottes und vollstrecken sein Urteil an denen, die Böses tun" (Röm 13,4). Und: „Lass dich nicht vom Bösen überwinden, sondern überwinde das Böse mit Gutem" (Röm 12,21).

Zum einen also wurde schon damals dem Staat (obwohl er kein demokratischer war) das Gewaltmonopol zugebilligt. Er hat für Recht und Ordnung zu sorgen. Darf er dies mit allen Mitteln? Nein. Erstens steht er auch im Dienst Gottes; das bedeutet: Auch der Staat hat sich nach den Grundregeln Gottes zu richten (etwa nach den Zehn Geboten) – dies glauben jedenfalls wir Christen. Zweitens hat er eine Fürsorgepflicht seinem Volk gegenüber. Verletzt er diese Pflicht, dann verletzt er auch seinen Auftrag.

Zum anderen gibt es in der Bibel wohl auch ein altes Wissen darum, dass Gewalt mit Gegengewalt nicht wirklich bekämpft werden kann. Böse Taten, böse Menschen überwindet man nicht, indem man in den Krieg gegen sie zieht. Gutes entgegensetzen, überraschende Reaktionen, entwaffnende Offenheit: Dies hält mindestens Paulus für erfolgversprechender. Zu idealistisch? Gerade, wenn wir an die Attentate im Jahr 2001 denken? Mag sein. Mag auch sein, dass hier das staatliche, besser noch: das UN-Gewaltmonopol hart eingreifen und durchgreifen muss. Der Römerbrief gibt ja auch keine Garantie dafür, dass sich Gewalttäter mit Güte und Entgegenkommen besänftigen lassen.

Aber die Mahnung bleibt bestehen: Gewalt und Gegengewalt erzeugen wieder Gewalt und Gegengewalt. Ein wirklicher Ausstieg aus diesem Teufelskreis gelingt nur mit friedlichen Mitteln. Dieses Bewusstsein, dass der gewaltsame Krieg gegen die Terroristen letztlich das ungeeignete Mittel ist, das Bewusstsein, dass Ursachen für Krieg und Terror immer wieder auch im Verhalten der herrschenden Staaten in Nord und West liegen und lagen, das scheint im Moment doch völlig zu fehlen. Es fehlt eine gewisse Demut, es fehlt der Respekt vor den Menschen in den asiatischen und arabischen Regionen, es fehlt die Scheu davor, das offensichtlich Notwendige tun zu müssen.

Reinhard Hertel

> Nein zum Krieg! Krieg ist nie ein unvermeidbares Schicksal. Krieg ist immer eine Niederlage der Menschheit ... Der Krieg ist nie ein Mittel wie jedes andere, das man nutzen könnte, um Meinungsverschiedenheiten zwischen Nationen zu regulieren.
>
> *Papst Johannes Paul II., Neujahrsempfang für das Diplomatische Korps Januar 2003*

Ich lerne zu leben

Ich lerne zu leben
vom Herzen zu geben
und empfange Vertrauen
ein tiefes Vertrauen

Ich beschließe zu teilen
alte Schulden zu heilen
und erlange den Frieden
unendlichen Frieden

Ich gebe mich hin
offenbare meinen Sinn
und erlebe die Freiheit
unfassbare Freiheit

Ich beginne zu schweigen
mich vor dir, Gott, zu verneigen
und gewinne die Liebe
vollendete Liebe

Klaus Emmerich

Worte

Worte können versöhnen und tiefe Gräben ziehen.
Worte können Wunden heilen und neue aufreißen.
Worte können zärtlich und verschroben sein.
Worte.
Wunderheiler und Kriegsverbrecher.

Stephan Weiler

> Der Friede muss gestiftet werden,
> er kommt nicht von selber.
>
> *Immanuel Kant*

Für ...

Für den Wunsch der Menschen in Israel, ohne tägliche Angst vor Terror ihre Kinder aufziehen und ihre Arbeit tun zu können;
Für die Sehnsucht der Menschen in Palästina nach Selbstbestimmung und einer menschenwürdigen Zukunft für ihre Kinder;
Für die bitteren Gefühle, den Zorn und die Verzweiflung aller Menschen, die unter der Teilung der Welt in Arm und Reich, Mächtig und Ohnmächtig leiden;
Für die Mitarbeiterinnen und Mitarbeiter der Kirchen und Organisationen, die sich auf Nothilfe in einem Krieg, der noch gar nicht begonnen hat, vorbereiten müssen;
Für die Opfer der vielen Kriege und Bürgerkriege, die in Vergessenheit geraten: im Sudan, im Kongo, der Elfenbeinküste, in Afghanistan, Kolumbien und vieler anderer Herren Länder;
Für die Opfer von größter Armut und Hunger, die immer weniger Beachtung finden;
Für die Gewissenslast der Machthaber, die ungeheure Macht in Händen halten und den Völkern den Frieden schuldig sind;
Für die Herausforderungen, vor denen die Friedens- und Konfliktforschung steht;
Für die Gruppen der Friedensbewegung in Kirche und Gesellschaft, die in diesen Wochen ihre besondere Verantwortung spüren;
Für die Stimmen aus den Kirchen der armen Welt, die uns schon ein Menschenalter lang zur Umkehr rufen;
Für unsere eigene Gemeinde, die den Menschen in unserer Nachbarschaft ein klares Zeugnis für Frieden und Gerechtigkeit schuldig ist;

Für die Kirchen im Irak und Palästina, die umgeben von Hass und Kriegsdrohung den Weg Jesu finden müssen;
Für alle Menschen guten Willens außerhalb unserer Kirche, die mit uns für Frieden und Gerechtigkeit einstehen;
Für unser Erschrecken angesichts einer Kette unfassbarer Bilder und Nachrichten;
Für unsere Gefühle der Sinnlosigkeit und Trauer;
Für unsere Ängste, was die nächste Zukunft bringen wird;
Für die Versuchung, Menschen muslimischen Glaubens künftig grundsätzlich zu misstrauen;
Für die Versuchung, unser Vertrauen auf den Schutz der Waffen zu setzen;
Für die Versuchung, im Verlangen nach Vergeltung den Weg Jesu zu verlassen;
Für unsere Schwäche im Einsatz für Gerechtigkeit, Frieden und die Bewahrung der Schöpfung;
Für uns alle, deren Leben sich ändern muss, wenn Terror und Gewaltherrschaft überwunden werden sollen durch Gerechtigkeit;
Für die Hoffnung, dass die Frucht der Gerechtigkeit Friede sein wird;
Für die Hoffnung, dass Gottes Geist uns Anteil gibt an Jesu Liebe zu den Feinden;
Für die Vision einer Weltkirche, die Gott mehr gehorcht als den Menschen;
Für die Gewissheit, dass Menschen aus Schwertern Pflugscharen machen können;
Für die Bitte, dass Christus mich selbst zum Werkzeug des Friedens mache.

Du Gott des Friedens, gerecht und barmherzig, im Zeichen des Kreuzes haben wir nebeneinander gestellt, was uns und unsere Welt zu zerreißen droht.

In deinem Herzen, unser Gott, vereint sich das Unvereinbare. Du zeigst uns und unserer Welt immer von neuem den Weg des Lebens.

Fürbittendienst „Brot für die Welt"

Wenn

Lieber Gott, wir bitten dich:
Mach, dass Frieden auf der ganzen Welt herrscht!
Es ist doch viel besser, wenn man im Frieden schlafen
und nicht vor Angst kein Auge zukriegen kann;
wenn man aufsteht und weiß, dass sich keiner
etwas antut und andere damit gefährdet;
wenn man weiß, dass jeder Arme auch sein Brot bekommt;
wenn man weiß, dass keine Kinder unter dem Krieg
zwischen den Ländern leiden müssen.
Es ist doch viel besser, wenn man weiß,
dass ein Schutzengel über der ganzen Welt schwebt
und uns beschützt.

Alexander Rühl, 11
Marcel Szecsenyi, 11

In jedem Augenblick

Möge ich doch in jedem Augenblick, jetzt und allezeit, zu einem Beschützer der Schutzlosen werden, zu einem Führer für diejenigen, die vom Weg abgekommen sind, zu einem Schiff für alle, die Ozeane überqueren müssen, zu einer Brücke für diejenigen, die Flüsse durchqueren möchten, zu einem Schutzraum für die Menschen in

Gefahr, zu einer Lampe für die, die Licht brauchen, zu einer Zuflucht für die Menschen, die eine Herberge suchen, und zu einem Diener aller Bedürftigen …

Geshe Tashi Tsering (Buddhismus),
Friedensgebet Assisi 2002

Friede, Friede – und ist doch kein Friede (Jer 6,14)

Menschen glauben immer und immer wieder, auf dem Weg der Gewalt etwas erreichen zu können. Jesus hat es selber erlebt. Er ist selber dieser Gewalt ausgesetzt gewesen und – menschlich gesprochen – ist er selber an dieser Gewalt zerbrochen. Durch seine Botschaft, durch seine Liebe ist der Hass nicht gestorben. Auch nicht durch seine Auferstehung. Die Welt ist die gleiche geblieben: vor seinem Leben, währenddessen und auch danach. Ja, es hat auch danach die Situation gegeben, dass Menschen sogar glaubten, im Namen Gottes, in seinem Dienst Gewalt anwenden zu dürfen – um Gott damit zu dienen. Sie kennen vermutlich das Gebet eines des Terroristen, das nach dem Anschlag in seinem Gepäck gefunden wurde. Darin heißt es: „Wenn ihr das Flugzeug betretet, betet: Oh Herr, öffne alle Türen für mich. Oh Herr, der meine Gebete erhört und diejenigen erhört, die dich bitten, ich erbitte deine Hilfe. Ich erbitte deine Vergebung. Ich bitte dich, erleuchte meinen Weg." Und weiter heißt es: „Jeder hasst und fürchtet den Tod. Aber nur die Gläubigen, die wissen, dass es ein Leben nach dem Tod und nach dem Tod die Belohnung für das Leben gibt, werden den Tod suchen." Ganz ähnliche Töne kennen wir aber auch aus unserer eigenen Geschichte, aus der Geschichte der Christen, besonders der Kreuzzüge …

Immer wieder haben Menschen geglaubt, Gewalt als Lösungsmodell für Konflikte einsetzen zu können, und sind damit in die Irre gegangen. Die Welt bleibt dieselbe.

Aber uns, den Menschen, die sich auf den Lebensentwurf Jesu ausrichten wollen, ist damit eine Aufgabe gestellt, nämlich: in dieser Welt Zeugnis abzulegen von dem Weg, den Jesus selber für sich gewählt hat. Welches Zeugnis ist das? Sollten wir, in der Nachfolge Jesu, indem wir uns bemühen, sein Wort aufzugreifen und in unserem Leben umzusetzen, auf die Bedrohung unserer Zeit keine andere Antwort haben, als Streubomben zu werfen, die spielende Kinder töten? Keine andere Antwort als die, Raketen abzuschießen, die die Zivilbevölkerung treffen, Rotkreuz-Depots zerstören, Moscheen mit betenden Menschen vernichten, Städte und Dörfer unbewohnbar machen, Tausende in den Hungertod treiben und Hunderttausende zur Flucht zwingen?
Welche Logik steckt dahinter, die das als Weg zum Frieden ansieht? Vielleicht kann man der Hydra des Terrorismus tatsächlich einen Kopf abschlagen. Aber es wachsen sofort unzählige neue nach, wenn man es auf diese Weise versucht ...

Die politische Logik, die versucht, Friede durch Waffengewalt herzustellen, wird von der biblischen Botschaft radikal in Frage gestellt, ja geradezu verneint. Vom Leben Jesu her lernen wir eine andere Ausrichtung. Von seiner Botschaft her können wir lernen, uns zu weigern, uns das Denkschema des Feindes aufzwingen zu lassen. Wir können uns weigern, das Hassen zu lernen und ihm entsprechend zu handeln. Gerade das würde uns in eine gefährliche Nähe zur Haltung der Terroristen bringen. Von Jesus her sind wir auf einen anderen Weg gesetzt: Er

nennt die Sanftmütigen selig; die, die nicht zuschlagen, um ein Problem zu lösen. Er preist den Weg derer, die das Herz der anderen suchen, die Vergebung leben, Barmherzigkeit, statt Vergeltung üben.
Ihr sollt meine Zeugen sein! Ich verstehe dieses Wort Jesu als Herausforderung an die Christen heute, an uns, als seine Kirche, für diese Wahrheit einzustehen und aus ihr heraus Antworten auf die Probleme unserer Zeit zu suchen.

Harald Fischer

Wir müssen beten

Wir müssen zu Gott beten, damit er uns versteht.
„Lieber Gott,
mach auf dieser Erde Frieden!
Wir wollen uns nicht mehr streiten,
aber wir schaffen es nicht alleine."
Für die Menschen ist wichtig,
dass sie sich respektieren, lieben und gerecht handeln,
aber auf keinen Fall sich bekämpfen und streiten.

Melanie Schaf, 10

Beten für den Frieden …

… heißt, das menschliche Herz dem Eindringen der erneuernden Kraft Gottes öffnen. Gott kann durch die belebende Kraft seiner Gnade selbst dort Öffnungen für den Frieden schaffen, wo es nur Hindernisse und Abriegelungen zu geben scheint; trotz einer langen Geschichte von Trennungen und Kämpfen vermag er die Solidarität der Menschheitsfamilie zu stärken und auszuweiten.

Beten für den Frieden heißt, beten für die Gerechtigkeit, für eine angemessene Ordnung innerhalb der Nationen und in ihren Beziehungen untereinander. Das heißt auch, beten für die Freiheit, besonders für die Religionsfreiheit, die ein menschliches und ziviles Grundrecht eines jeden Individuums ist. Beten für den Frieden heißt, dafür beten, die Vergebung Gottes zu erlangen und gleichzeitig im Mut zu wachsen, den jeder nötig hat, der seinerseits die erlittenen Verletzungen vergeben will.

Papst Johannes Paul II.,
Botschaft zur Feier des Weltfriedenstages 2002

Friede den Menschen, die bösen Willens sind, und ein Ende aller Rache. Zahlreich sind die Märtyrer. Daher, o Gott, fordere nicht Abrechnung, sondern schlage sie anders zu Buche! Gib, dass wieder Friede sein möge auf dieser armen Erde den Menschen, die guten Willens sind, und dass dieser Friede auch zu den andern komme!

Gebet aus dem KZ Ravensbrück

Soll ich reden, soll ich kämpfen?

Soll ich reden, soll ich kämpfen,
Herr, was soll ich tun?
Lieber will ich schweigen,
will am Rande bleiben,
mehr im Dunkeln stehn.

Soll ich reden, soll ich kämpfen,
Herr, was soll ich tun?
Lieber will ich denken,
andern Glauben schenken,
in die Augen sehn.

Soll ich reden, soll ich kämpfen,
Herr, was soll ich tun?
Lieber will ich wagen,
nach dem Sinn zu fragen,
Leben neu verstehn.

Soll ich reden, soll ich kämpfen,
Herr, was soll ich tun?
Lieber will ich hoffen,
suchend und betroffen
meine Wege gehn.

Soll ich reden, soll ich kämpfen,
Herr, was soll ich tun?
Lieber will ich singen,
will für das Gelingen
in die Zukunft sehn.

Werner Schaube

Frieden durch Gott

Der Herr wird seinem Volk Kraft geben und es mit Frieden segnen. Die christlichen Kirchen haben ebenso wie andere Religionen die Pflicht, gemeinsam die Stimme zu erheben, um auf die Verletzung jener moralischen und spirituellen Grundsätze hinzuweisen, die alle Religionen bekräftigen und alle Gläubigen täglich leben. Unter diesen spirituellen Werten nimmt der Friede eine vorrangige Stellung ein, denn der Glaube kommt nur in einem von Frieden geprägten Klima zum Ausdruck. Für die Christen ist die Menschwerdung Gottes in der Person Christi, der Mensch und Gott zugleich ist, ein Moment des Friedens und universaler Versöhnung, verkündet von den Engeln, die diese Geburt vom Himmel aus verkünden: „Ehre sei Gott hoch im Himmel und Frieden auf Erden den Menschen, die er liebt" (Lk 2,14).

Seine Seligkeit Teoctist (Rumänisch-Orthodoxe Kirche), Friedensgebet Assisi 2002

Gebet der Vereinten Nationen

Herr, unsere Erde ist nur ein kleiner Körper im großen Weltall. An uns liegt es, daraus einen Planeten zu machen, dessen Geschöpfe nicht von Kriegen gepeinigt werden, nicht von Hunger und Furcht gequält, nicht zerrissen in sinnlose Trennung nach Rasse, Hautfarbe oder Weltanschauung. Gib uns den Mut und die Voraussicht, schon heute mit diesem Werk zu beginnen, damit unsere Kinder und Kindeskinder einst mit Stolz den Namen „Mensch" tragen!

Wo

Wo Mauern sind,
möchte ich sie kraftvoll überwinden.
Wo Schranken sind,
möchte ich sie vertrauensvoll abbauen.

Wo Gräben sind,
möchte ich sie schwungvoll überspringen.
Wo Krieg ist,
soll dein Friede sein.

Marcus C. Leitschuh

Mit der Vergangenheit versöhnt

Im Zusammenhang der Vereidigung des ersten farbigen Staatspräsidenten Südafrikas kam es zu einer bewegenden Szene. Nelson Mandela entdeckte in der Masse der Zuschauer den Menschen, der ihn während seiner langjährigen Haft auf der Gefängnisinsel Robben Island bewacht hatte. Sofort hieß er den Mann zu sich nach vorne kommen. Nur langsam folgte der ehemalige Gefängniswärter der Aufforderung. Würde er für seinen Dienst im Auftrag des Apartheidregimes nun öffentlich bloßgestellt und beschimpft werden? Es kam anders. Präsident Mandela führte den Mann zu der Ehrenloge, wo seine Familie Platz genommen hatte. Sinngemäß soll er gesagt haben: „Wir haben so viel zusammen erlebt – du gehörst hierhin." Diese Geste Nelson Mandelas ist nicht nur ein bewundernswertes Beispiel für Vergebung und praktizierte Feindesliebe. Sie zeigt auch, dass es möglich ist, sich mit schmerzhaften Erfahrungen der Vergangenheit so zu versöhnen, dass sie zu einem bejahten Bestandteil der eigenen Biographie werden. Zweifellos wird der Häftling Mandela unter seinem Häscher gelitten haben. Aber er ist über diesen Schmerz hinausgewachsen. Auch das Böse und Abgründige auf dem langen Weg zur Freiheit hat ihn geformt. Es hat ihn zu dem Menschen gemacht, der ihn zum Präsidenten eines Vielvölkerstaates reifen ließ. Darum

braucht er die Zeit auf Robben Island nicht zu verdrängen. Er muss die Menschen, die ihn verletzten, nicht hassen. Im Gegenteil: Sie gehören zu ihm – wie die eigene Familie.
Und Joseph sprach: „Ihr gedachtet, es böse mit mir zu machen, aber Gott gedachte, es zum Guten zu wenden, so wie es jetzt offenbar ist" (Gen 50,20).

Michael Stollwerk

Krisengebiete

Der Fernseher läuft. Davor die Familie wie die Hühner auf der Stange. Den Blick starr geradeaus: Sie schauen sich die Krisengebiete in der Ferne an und sehen am Krisengebiet in ihren eigenen vier Wänden vorbei.

Frank Reintgen

> Die Frage des Friedens
> ist keine Frage an die Welt,
> sondern eine Frage an sich selbst.
>
> *Karl Jaspers*

Hass sucht Streit, Liebe sucht Verständigung

Viele Menschen fragen: Warum kommt es zum Krieg zwischen Völkern und Staaten? Antwort: Die Ursache ist Hass.
Und sie fragen: Wovon nährt sich der Terrorismus in aller Welt? Vom Hass, der bewusst geschürt wird.

Hass ist nicht damit zufrieden zu existieren. Er will sich vermehren, er will sich ausbreiten. Hass ist das Zeichen einer Störung. Und er brennt darauf, weiteres Zerstören anzurichten. Er ist erst zufrieden, wenn alles kaputt ist, eine Freundschaft zerstört, eine Ehe zerbrochen, der Friede dahin.

Diese Dynamik zur Ausbreitung teilt er mit seinem Gegenteil, der Liebe.
Auch die Liebe ist nicht mit ihrer reinen Existenz zufrieden. Sie will wirken, sich ausbreiten, will wie ein starkes Medikament heilen, Leben retten. Die Liebe kann auch bei schweren Konflikten weiter verhandeln. Die Liebe muss Gewalt nicht mit Gegengewalt beantworten. Sie kann mit Umsicht, Nachsicht und Vergebung dem Frieden dienen, ja Frieden schaffen.
Das letzte Ziel der Liebe ist allerdings noch nicht erreicht mit der Verständigung, durch die eine Krise bewältigt oder ein Streit beendet wurde: Das eigentliche Ziel der Liebe ist Liebe.
Darum schreibt Johannes: „Die Liebe ist aus Gott, und jeder, der liebt, stammt von Gott und erkennt Gott." Und weiter: „Wir wollen lieben, weil Gott uns zuerst geliebt hat" (1 Joh 4,7.19).

Armin Hanf

*Es gibt keinen Weg zum Frieden.
Der Frieden ist der Weg.*

Mahatma Gandhi

Bist du es?

Bist du es, der kommen soll,
oder müssen wir auf einen anderen warten?

Geht und berichtet,
was ihr gesehen und gehört habt:

Mauern fallen,
Grenzen werden aufgehoben,
Kollegen beschenken sich,
Nachbarn lernen sich kennen,
Kinderaugen strahlen
und Feinde besuchen sich.
   Angela Zawilla

Fürbitten

Jesus hat allen, die friedfertig leben und andere zum Frieden führen, die Vollendung beim Vater zugesprochen. Darum wollen wir seinen und unseren Vater im Himmel bitten.

Für alle Christen, dass sie miteinander in Frieden leben und der Welt ein Zeichen für das Gottesreich des Friedens und der Gerechtigkeit sein können.

Für die Staatsmänner, die zum Jahresbeginn den Frieden beschwören, damit sie auch tun, was sie versprechen.

Für die Familien, damit sie zu Inseln des Friedens werden und ausstrahlen in die friedlose Welt.

Für die Lehrer und alle, die für die Erziehung unserer Kinder Verantwortung tragen, dass sie erfahrbar machen, was verständnisvolles Miteinander bedeuten kann.

Guter Vater, du hast uns in deinem Sohn gezeigt, was ein ständiges Bemühen um den Frieden heißen kann: den Einsatz des eigenen Lebens, aber auch die Veränderung der Welt. Hilf uns, diesem Anspruch möglichst nahe zu kommen! Durch Christus, unseren Herrn.

Klemens Richter

Im Wörterbuch nicht vorgesehen

Moderne Datenverarbeitungsprogramme für Computer zeichnen sich unter anderem dadurch aus, dass sie die Funktionen „Autokorrektur" bzw. „Rechtschreibprüfung" enthalten, die den geschriebenen Text auf Fehler hin untersuchen. Allerdings hat diese benutzerfreundliche Einrichtung einen Haken. Das Wörterbuch dieser Programme ist beschränkt. So werden zuweilen durchaus richtig geschriebene Begriffe als fehlerhaft angemahnt, weil sie im installierten Programm nicht vorgesehen sind.
Genau dies widerfährt dem Verwender von „Word for Windows 7.0" etwa dann, wenn er das Wort „Feindesliebe" eingibt. Sofort erscheint eine rot gestrichelte Linie, die zur Korrektur dieses vermeintlichen Fehlers auffordert. Klickt der überraschte Computerfreak dann auf die rechte Maustaste, werden ihm als Korrekturvorschläge die Begriffe „Feindselige" und „Feindseligere" angeboten. Erst der erneute Klick auf den Befehl „Hinzufügen" lässt die gestrichelte Linie verschwinden und nimmt die Fein-

desliebe in das Repertoire des Textverarbeitungsprogramms auf.
Feindesliebe nicht vorgesehen, Korrekturvorschlag Feindselige: Dieser Mechanismus wirkt nicht nur in unseren Computer-, sondern auch in unseren Lebensprogrammen. Feindesliebe gehört nicht zum Horizont menschlicher Möglichkeiten, sondern er wird unseren Möglichkeiten hinzugefügt durch die Kraft der Liebe Gottes. Bitten wir Gott um diesen „Mausklick", durch den sein Sprachschatz den unseren erweitert.
„Lasst uns aber wahrhaftig sein in der Liebe und wachsen in allen Stücken zu dem hin, der das Haupt ist, Christus" (Eph 4,15).

Michael Stollwerk

Schweigen für den Frieden

Ich schweige,
damit ich nachts schlafen kann,
damit vielleicht auch andere kommen und schweigen,
damit die Kinder ihre Eltern fragen:
„Was machen die denn da?"

Ich schweige,
um bewusst für den Frieden zu beten,
um nicht an diesen Krieg zu glauben,
um den Krieg in mir zu besiegen,
um Zeit für Betroffenheit zu haben,
um mir bewusst zu werden,
dass mein Gott ein Gott der Liebe und des Friedens ist.

Angela Zawilla

Heute haben wir das Böse gesehen

„Heute haben wir das Böse gesehen." Das sagen Augenzeugen der Tragödie des 11. September: „Heute haben wir das Böse gesehen." Aufgeklärt wie wir sind dachten wir, es sei schon weg aus der Welt, das Böse.
Theologen diskutieren, ob man noch vom Teufel reden darf. „Heute haben wir das Böse gesehen." Es gibt eine Evidenz der unmittelbaren Erfahrung, die durch theoretische Erörterungen nicht zu überholen ist. „Heute haben wir das Böse gesehen." – Wie begegnen wir ihm?

Es gibt den uralten Traum der Menschen, sich gegen den Angriff des Bösen abzuschirmen, sich unverwundbar zu machen. Siegfried, der Held, besiegt das Böse in Gestalt des Drachen, er badet im Drachenblut und wird dadurch unverwundbar. Es bleibt nur die eine wunde Stelle auf dem Rücken, dort, wo das Blatt lag. Genau dort trifft ihn das heimtückische Schwert Hagens, von hinten. Die griechische Sage erzählt von Achill, dem Helden von Troja. Gleich nach der Geburt hält ihn die Mutter ins Feuer und anschließend ins Wasser, um ihn zu stählen, unverwundbar zu machen. Dabei hält sie ihn an der Ferse fest – die Achillesferse. Dort trifft ihn der giftige Pfeil des Paris. Mythen, Sagen – halten sie etwas fest, was in der Welt ist? Oder denken wir aufklärerisch: Überholt!? Viele träumen heute den Traum des Siegfried: unverwundbar zu sein und sich und ganze Nationen abzuschirmen gegen die Macht des Bösen. Und auf einmal heißt es: „Heute haben wir das Böse gesehen." Es ist nicht aus der Welt zu schießen und zu bomben, schon gar nicht durch „heilige Krieger". Sie gerade bringen es zur Explosion.

„Heute haben wir das Böse gesehen." – Wie reagieren wir? Wir sind hier als Christen versammelt und suchen nach einer christlichen Antwort. Wo ist denn Gott in dieser Tragödie? Weg? Wir können die Antwort auf die Frage, wie wir dem Bösen begegnen, nicht irgendwo an den Rändern des Glaubens finden, sondern nur aus der Mitte heraus. Das Kreuz ist das Zeichen und die Mitte unseres gemeinsamen christlichen Glaubens. Was sagt es uns in dieser Situation?

Gott ist kein Super-Siegfried, kein Super-Achill. Er ist angeschlagen, verwundet. Die heiligen fünf Wunden, an den Händen, an den Füßen und an der Seite. Das ist doch unter seinem Niveau. Ist er so heruntergekommen? Transzendenz nach unten! Da ist doch die Hölle los. In der Tat, Gott hat die geballte Macht des Bösen am eigenen Leibe erfahren – weiß Gott. Aber er ist darin nicht untergegangen. Er ist daraus erstanden. Gott sei Dank. Der verwundete Gott!

Wo ist Gott in diesem Inferno? Auf diese Frage gibt es nur eine Antwort: Gott ist bei den Opfern, ganz nah bei ihnen, selbst blutend. Und die nach ihm fragen, erhalten eine eindeutige Platzanweisung, wo denn ihr Platz in diesem Geschehen ist: an der Seite der Opfer.

Das Kreuz offenbart die ganze Gewalttätigkeit, die ganze Macht des Bösen, zu dem Menschen fähig sind. Aber nicht nur das. Es offenbart die Gewaltlosigkeit Gottes. Wir sind nicht durch Gewalt erlöst, nicht durch die Liebe zur Macht, sondern durch die Macht der Liebe. Das ist der Weg, den Gott zu unserem Heil gegangen ist.

Was sagt uns das in dieser Situation? Mindestens dieses: Vergeltet nicht Böses mit Bösem! Erwidert nicht Hass mit Hass, nicht Rache mit Rache! Wir dürfen uns das Gesetz des Handelns nicht von Terroristen vorgeben lassen.

„Lass dich nicht vom Bösen besiegen, sondern besiege das Böse durch das Gute" (Rö 12,21). Vor Jahren, gegen Ende des Kalten Krieges, haben wir Erfahrungen gemacht, die wir nicht vergessen dürfen: Gewaltfreiheit ist möglich, runde Tische dienen dem Frieden, Angst ist letztlich nur durch Vertrauen zu überwinden, die Kerzen haben ihre eigene Macht.

Es geht nicht an, prinzipiell den Gewaltverzicht anderer zu fordern, wenn es um ihr Leben geht. Doch der Abscheu gegenüber Gewalt und Blutvergießen muss auch die noch prägen, die im Notfall zur Gewalt greifen. Er kann verhindern, der Faszination der Gewalt zu erliegen. Er hält das Gespür dafür wach, dass auch hindernde und schützende Gewalt als das kleinere Übel ein Übel bleibt.

„Heute haben wir das Böse gesehen." – Schrecklich! Was tun? „Lass dich nicht vom Bösen besiegen, sondern besiege das Böse durch das Gute" (Rom 12,21).

Bischof Franz Kamphaus

Wir verpflichten uns, unsere feste Überzeugung kundzutun, dass Gewalt und Terrorismus dem authentischen Geist der Religion widersprechen. Indem wir jede Gewaltanwendung und den Krieg im Namen Gottes oder der Religion verurteilen, verpflichten wir uns, alles Mögliche zu unternehmen, um die Ursachen des Terrorismus zu beseitigen.

Bhai Sahibji Mohinder Singh (Sikh),
Friedensgebet Assisi 2002

Wir sind betrübt

Wir sind betrübt darüber,
dass die Liebe Gottes, die in dir erschienen ist, immer wieder auf enge Grenzen stößt. Wie leicht kann sich Nächstenliebe in Eigennutz und Menschenfreundlichkeit in Fremdenhass verkehren.

Wir sind betrübt darüber,
dass weiterhin viele Kriege zwischen benachbarten Staaten geführt werden und ganze Generationen von Frauen, Männern und Kindern unter Diktatur und Bürgerkrieg zu leiden haben.

Wir sind betrübt darüber,
dass dein Leiden und Sterben als Opfer für Schuld und Scheitern in Freundschaft und Ehe, in Familie und Gesellschaft, in Politik und Religion nicht die Würdigung findet, die sie verdient.

Aber wir sind auch von Herzen dankbar und froh,
dass du, Jesus Christus, uns täglich mit deiner Liebe erfüllst und den Schatz deines Friedens durch uns weiterströmen lässt von Mensch zu Mensch, von Volk zu Volk.

Bischof Peter Krug

Wir würden gerne

Gott, wir würden gerne nur in Frieden leben. Es sterben so viele Menschen in einem Krieg. Du hast uns doch erschaffen, damit wir in Frieden leben und nicht im Streit. Hilf den Armen, denn sie brauchen dich mehr! Lass für

sie ein Wunder geschehen! Sie sollen nicht im Winter oder an Weihnachten frieren, denn dies ist die Zeit der Ruhe und alle sollen in dieser Zeit glücklich sein. Hass hat in dieser Zeit überhaupt nichts zu suchen.
Und mach, dass auch arme Kinder in dieser Zeit und überhaupt glücklich sind!
Es sollen alle Menschen auf der Welt glücklich sein. Das gehört doch zum Leben.
Und hilf den Menschen, die ihre Hoffnung an das Leben verloren haben! Es gibt immer Hoffnung im Leben. Und hilf ihnen zu überleben!
Mach, dass alle Menschen ihr Recht auf Freiheit und Frieden haben!

Madeleine Schmidt, 11
Anna Klinger, 11

Führe mich

Führe mich vom Tod ins Leben,
aus dem Trug in die Wahrheit!

Führe mich aus Verzweiflung in die Hoffnung,
aus Angst ins Vertrauen!

Führe mich vom Hass zur Liebe,
vom Krieg zum Frieden!

Lass Frieden unser Herz erfüllen,
unsere Erde und das All!

Kirchenkanzlei der EKD

> Der Friede ist immer nah,
> doch die Arme sind meist zu kurz.
>
> *Cyril Northcote Parkinson (1909–1993),*
> *englischer Historiker*

Was wir benötigen

Was wir heute benötigen, ist ein Kampf für das Leben und für die Heiligkeit des Lebens. Unsere moderne und postmoderne Kultur ist eine säkularisierte Kultur, der das Bewusstsein für Gott als Quelle des Lebens abhanden gekommen ist. Der Mensch selbst hat sich zum Herrn über das Leben gemacht; er will alles objektivieren, analysieren, berechnen und manipulieren: So verwandelt er alle Dinge in etwas Totes, und auch das menschliche Leben wird zum Gegenstand wirtschaftlichen Kalküls.
Gerade weil Gott der Lebensquell ist und weil er den Frieden will, müssen wir Christen Förderer und Freunde des Lebens sein und zu Friedensstiftern werden. Wir Christen müssen Protagonisten sein in einer neuen Kultur des Lebens, des Geschenks des Lebens, der Achtung vor der Heiligkeit des Lebens, der Werte und des Vorrangs des Lebens im Gegensatz zu den toten Dingen. Angesichts der gegenwärtigen Situation, der derzeitigen Bedrohungen und Probleme, sind unsere konfessionellen Konflikte besonders beschämend. Wir, das heißt alle Christen zusammen mit den Juden, müssen unser gemeinsames Erbe der Wahrheit über die Schöpfung wieder entdecken. Wir müssen zusammenstehen und gemeinsam für Gott

als Quelle, Wächter und Freund des Lebens Zeugnis geben und für eine neue Kultur des Lebens zusammenarbeiten. „Bei dir ist die Quelle des Lebens." Dieser Satz gilt auch für die ökumenische Bewegung. Nicht wir, nicht unsere Bemühungen, nicht einmal unsere Begeisterung: Nur Gott ist die Quelle einer neuen Ökumene und einer erneuerten Kirche, damit wir Zeugen einer neuartigen Kultur und Friedensstifter sind. „Komm, Heiliger Geist, und erneuere die Herzen deiner Gläubigen!"

Walter Kardinal Kasper

Die Spirale der Gewalt

Vor kurzem habe ich auf dem Parkplatz vor einem Wohnblock beobachtet, wie zwei kleine Buben in Raufhändel verwickelt waren, und wie einer der beiden heulend zur Haustür lief und durch die Gegensprechanlage mit jemandem sprach. Kurz darauf ging in einem der oberen Stockwerke ein Fenster auf, eine Frau schaute herunter und fragte: „Was ist denn schon wieder los? Wieso heulst du denn?" Es war die Mutter von dem Buben, der weinte. Schluchzend sagte er: „Mutti, der Robert lässt mich nicht in Ruhe, dauernd haut er mich", worauf die Mutter antwortete: „Lass dir doch nichts gefallen, hau zurück, verdrisch ihn mal anständig!" Der Bub ließ sich das nicht zweimal sagen. Sofort ging er auf den anderen Buben los.

Kinder werden schon so erzogen, sich nichts gefallen zu lassen, zurückzuschlagen, Rache zu üben, Gleiches mit Gleichem zu vergelten. Was in der kleinen Welt zwischen einzelnen Menschen und kleinen Gruppen geschieht, geschieht ebenso in der großen Welt.

Vom World Trade Center sind Bilder um die Welt gegangen von dem furchtbarsten Terroranschlag seit Menschengedenken. Tausende Menschen starben in den Trümmern des Bürokomplexes oder wurden ein Opfer des Flammeninfernos. Der Ort des Geschehens war eine grauenvolle Stätte der Verwüstung.
Fassungslosigkeit, Trauer, Angst, Schrecken, Entsetzen und Verzweiflung hat Millionen Menschen auf der ganzen Welt gepackt. Bald war auch der Ruf nach Strafe, Rache und Vergeltung zu hören. Schon bald bereiteten sich die Streitkräfte der USA auf einen Vergeltungsschlag vor. Die Spirale der Gewalt dreht sich weiter. Vielleicht werden in Kürze wieder Bilder um die Welt gehen, Bilder von vielen Toten, von Zerstörung, von Verwüstung. Dann werden neuerdings Millionen Menschen von Fassungslosigkeit, Trauer, Angst, Schrecken, Entsetzen und Verzweiflung erschüttert werden.

Wie lange wird sich die Spirale der Gewalt weiterdrehen? So lange, bis eine Seite so vernichtet ist, dass sie nicht mehr imstande ist zurückzuschlagen, oder bis eine Seite freiwillig auf Gewalt verzichtet und nicht mehr zurückschlägt.
Ich muss da an Bob Dylans Lied „Blowin' in the Wind" denken, in welchem es heißt: Wie große Berge von Geld gibt man aus für Bomben, Raketen und Tod? Wie große Worte macht heut' mancher Mann und lindert damit keine Not? Wie großes Unheil muss erst noch geschehn, damit sich die Menschheit besinnt? Die Antwort, mein Freund, weiß ganz allein der Wind. Die Antwort weiß ganz allein der Wind.

Jesus ist den Weg der Gewaltlosigkeit gegangen. An ihm hat sich das Böse ausgetobt, aber bei ihm war die Spirale des Bösen zu Ende, weil er Böses nicht mit Bösem, sondern mit Liebe vergolten hat. Damit hat Jesus der Welt gezeigt, dass gewaltlose Konfliktlösung und Frieden möglich sind.

Wir, die wir hier zum Gottesdienst versammelt sind, sind nicht in der Lage, der großen Welt den Frieden zu bringen, aber wir können jeden Tag den Frieden als Geschenk Gottes annehmen und dieses Geschenk weiterschenken an die Menschen, mit denen wir leben in unserer kleinen Welt.

Josef Lengauer

Frieden?

Eines Tages schwiegen alle Waffen,
doch es war kein Frieden.
Eines Tages legte sich aller Hass,
doch es war kein Frieden.
Eines Tages ruhten alle Konflikte,
doch es war kein Frieden.
Eines Tages starb das Vorurteil,
doch es war kein Frieden.
Eines Tages verging die Gier,
doch es war kein Frieden.
Eines Tages erlag die Ungerechtigkeit,
doch es war kein Frieden.
Eines Tages zerfiel selbst die Unzufriedenheit,
doch noch immer war kein Frieden.
Bis die Angst es vorzog,
das Weite zu suchen.

Fabian Vogt

Wir gedenken

Lieber himmlischer Vater,
wir gedenken vor dir der Menschen unseres Volkes
und der Menschen aller Völker,
die durch Gewalt ihr Leben lassen mussten und müssen:
durch Kriege und ihre Folgen,
durch Willkür und Wahnsinn anderer Menschen.

Wir denken an die Gefallenen,
an die durch Bomben Getöteten,
an die in Auschwitz und anderenorts
als lebensunwert Ausgelöschten,
an die wegen des Widerstandes gegen die Gewalt
Hingerichteten,
an die Blutzeugen des Glaubens und des Gewissens.

Jede Träne, alles Leid, alles vergossene Blut schreit zu dir.
Alle Toten, Herr, sind in deiner Hand,
die bekannten und die unbekannten.
Sei bei denen, die um sie trauern!

Vergib uns,
wenn wir uns unsere Hände schmutzig machen,
vergib, wo andere Motive unser Handeln leiten
als der Wille nach Gerechtigkeit!
Gib uns, gib unseren Verantwortungsträgern Klugheit!
Lass uns dort mit allem Mut widerstehen,
wo Menschen missachtet werden!
Hilf, dass wir gemeinsam das Leben in dieser Welt,
in deiner Welt bestehen!

Alexander Behrend

Rezept Gottes

Man nehme mehrere Hand voll Menschen,
etwa 20–25 Einheiten, die sich nicht kennen,
und füge sie für 5 Tage zusammen,
und du wirst entdecken,
dass du immer einige von ihnen sehr magst.

Angela Zawilla

Ein Fürbittgebet

Himmlischer Vater, selten ist es uns so schwer gefallen, dich so anzusprechen: Vater …
Was da vor Tagen geschehen ist, hat uns furchtbar erschreckt und bis in die Tiefe unserer Seele verunsichert. Wir wissen, dass Menschen für diese schrecklichen Anschläge verantwortlich sind, und doch fragen wir auch, ob du es nicht hättest verhindern sollen … verhindern müssen … Vater!
Wir wissen, dass blinder, menschenverachtender Hass und Fanatismus hinter diesen Taten stehen, und doch kommen wir jetzt auch zu dir mit unseren Klagen und unserem Zweifel: Warum musste das geschehen? Wo warst du, als es geschah … Vater?
Wir wissen, dass du den Menschen Freiheit geben wolltest, Freiheit zum Guten, aber eben auch zum Bösen, selbst noch zu den furchtbarsten Verbrechen. Wir wissen das und sind heute doch in unserem Glauben erschüttert, wünschten, du hättest uns nicht so viel Freiheit gegeben, können den Terror nicht mit deiner Liebe reimen, suchen nach Wegen und Gedanken, das zu verkraften, ohne unser Vertrauen zu verlieren … Vater …

Wir sind klein geworden, im Innersten erschüttert, voller Angst. – Was wird weiter geschehen? Und doch bleibt Gott die einzige Adresse im Himmel und auf Erden, an der unsere Fragen gehört werden, unsere Klagen ein Ohr finden und sogar unsere Zweifel gut aufgehoben sind. Weil Gott auch unsere Bitten aufnimmt, lasst uns in unserem Gebet für alle eintreten, die Opfer der Anschläge geworden sind, aber auch für alle, die Verantwortung dafür tragen, was geschehen ist und was nun weiter geschieht:

Gott, wir beten für die vielen Tausend Menschen, die für unser Begreifen unschuldig und sinnlos ihr Leben verloren haben. Schenke ihnen um Jesu Christi willen bei dir eine ewige Heimat!
Wir beten für die ungezählten Angehörigen, die durch den Terror den Tod ihrer liebsten Menschen betrauern müssen. Schenke ihnen deinen Trost und deine Hilfe, dass sie durch die Zeit der Trauer hindurchkommen, ohne dass sie deine Hand verlieren!
Wir beten auch für die Täter und besonders die Menschen ihrer Umgebung, in der Hass und Gewaltbereitschaft solche grausamen Verbrechen hervorbringen konnten. Schenke ihnen jetzt – auch wenn sie für die Opfer zu spät kommt – die Einsicht, dass böse Taten, Terror und Gewalt niemals guten Zielen dienen können, damit sich nicht wiederholt, was verblendete Fanatiker hier getan haben!
Wir beten für alle, die jetzt entscheiden und anordnen müssen, wie auf die Anschläge zu reagieren ist. Schenke Besonnenheit und Weitsicht, schenke verantwortliches Handeln, das nicht durch den Ruf nach Rache bestimmt wird! Schenke unabhängige Entscheidungen und Schritte, die sich nicht durch den Druck der Öffentlich-

keit, sondern durch den Willen zum Frieden leiten lassen! Dass trotz allem verständlichen Zorn, aller Wut und allem Wunsch nach Vergeltung dem Bösen mit Gutem begegnet wird! Dass nicht aus Schlimmem noch Schlimmeres entstehe!
Zuletzt beten wir für uns selbst: Schenke uns, Gott, dass auch wir uns jetzt nicht in Hass und dumpfer Rachgier verrennen! Gib uns selbst Frieden und lass uns alles tun, was in unseren Kräften steht, in unserer Umgebung dem Frieden unter den Menschen zu dienen!

Alles, was uns noch bewegt in diesen Tagen, all unsere ungeklärten Fragen, unsere Klagen, Zweifel, Ängste und Bitten legen wir mit in das Gebet, das uns unser Herr Jesus Christus hinterlassen hat. Gleich ihm, der auch Gottes dunkle Seite kennen lernen musste, der wie wir ganz gewiss auch manchmal an Gottes Vaternamen irre geworden ist, sprechen wir dennoch so, wie er es uns gelehrt hat: Vater unser ...

Manfred Günther

> Angesichts so vieler Menschen, die hungern, angesichts so vieler Familien, die unter bitterster Armut leiden, wird jeder Rüstungswettlauf zu einem unerträglichen Skandal. Wir sind uns unserer Pflicht bewusst, diesen öffentlich zu verurteilen.
>
> *Papst Paul VI.*

Politischer Kreuzweg

Herr, unser Gott,
du trägst unsere Last nicht nur,
du brichst auch noch unter ihr zusammen.

Du liegst im Staub der Straße,
du verwundbarer Gott.

Der nicht in Siegerpose daherkommt,
nicht mit Waffengeklirr.

Der du Freund der Armen und Erniedrigten bist,
der du selbst als Fremder
im fremden Land geboren bist.

Der du dich so auslieferst,
klein, hilflos und Gott, „welch ein Mensch!"

Auf dass wir dich in unser Herz lassen,
in unsere kleine, verwundete Seele.

Auf dass wir in dir Heilung finden
und in deinem Schutze sind.

Dann brauchen wir uns nicht
angstvoll zu verschanzen,
dann lässt du uns unsere Türen,
unsere Herzen weit öffnen,
für Herzen weit öffnen,
für den Fremden in unserem Land,
in unserer Stadt.

Elisabeth Caspersen

*Der Friede geht
von dem aus, der Liebe sät,
indem er sie zu Taten
werden lässt.*

Mutter Teresa

Allgemeines Friedensgebet

Herr, unser Gott, hab Erbarmen mit uns, denn wir hoffen auf dich!
Lass deinen Geist unter uns wirksam werden, den Geist der Gerechtigkeit und des Friedens, den Geist der Versöhnung und der Vergebung!
Öffne unsere Ohren für dein Wort und unsere Herzen für deine Gegenwart!
So erlangen wir den Mut zu Visionen und die Kraft zu teilen, was wir haben.
Dass der Friede wachse – unter uns und auf der ganzen Erde, darum bitten wir durch Christus, unseren Herrn.

Pax-Christi-Gruppe Brühl

friedensgebet

zwölf
narren
beten
um frieden:
selig die keine
gewalt anwenden
sie werden das land
erben
welches land?
das zerstörte?
erben
zwölf narren
das land?

Franz Reitinger

Wohin wollen Sie eigentlich?

„Wohin wollen Sie eigentlich?" Das wurden viele Menschen von der Evangelischen Kirche in Deutschland auf Plakaten gefragt. Sie wurden gefragt, während ihr Blick in die Ferne eines blauen Himmels gelenkt wird, in den sie eine Gondel zu bringen verspricht. Nun werden Sie denken: Seit wann interessiert sich die Evangelische Kirche für die Urlaubsplanungen der Menschen? Und in der Tat: Ganz so schlicht ist die Frage nicht gemeint. Es ist schon eher eine hintersinnige Frage, eine Frage mit Widerhaken, denn die Gefragten werden zugleich aufgefordert, sich auf diese Frage einzulassen, indem hinzugefügt wird: „Lassen Sie uns gemeinsam Antworten finden." „Wohin wollen Sie eigentlich?" Eine Frage nach dem Wohin des Lebens, eine Frage, die so leicht daherkommt und doch so schwer zu beantworten ist.

An aktuellen Wohin-Fragen will ich ein bekennendes Antworten auf die Wohin-Fragen unserer Gesellschaft versuchen: Am 11. September ist mehr geschehen als nur ein fürchterlicher terroristischer Anschlag. An diesem Tag ist die „Spannung zwischen säkularer Gesellschaft und Religion ... explodiert" (Jürgen Habermas in seiner berühmten Frankfurter Rede). Neu haben wir erkannt, in welch starkem Maße religiöses Denken und Fühlen unsere Welt bestimmt, wie untrennbar Weltliches und Religiöses miteinander menschliches Handeln motiviert. Über den religiösen Fanatismus der Terroristen mögen wir den Kopf schütteln. Aber diese Terroristen haben uns wieder in Erinnerung gerufen, dass wir unsere Welt nicht verstehen können, wenn wir meinen, auf ihre religiöse Deutung verzichten zu können. Wer nach dem Wohin unserer Gesellschaft fragt, kann sich an der religiösen Frage nicht mehr länger vorbeistehlen. Kann sich auch nicht vorbeistehlen an dem Handlungs- und Hoffnungspotenzial der christlichen Religion. Zugespitzt formuliert: Wir werden das Wohin dieser Gesellschaft nicht verstehen und nicht steuern können ohne Jesu Worte des Lebens, die hinausweisen über jede nur weltliche Orientierung: „Ich bin die Auferstehung und das Leben. Wer an mich glaubt, der wird leben, auch wenn er stirbt." Ohne diese letzte Hoffnungsperspektive ersticken Menschen an ihrer eingebildeten Weltlichkeit.

Mit dem 11. September und den nachfolgenden kriegerischen Ereignissen in Afghanistan und Palästina ist das Vertrauen in die Friedensfähigkeit der Menschheit erschüttert worden. Wohin soll es mit dieser Welt gehen, wenn Menschen nicht fähig sind, Konflikte friedlich auszutragen? Bei der Beantwortung dieser Frage hat der unbedingte Vorrang gewaltloser Konfliktregelung, den Jesus immer wieder gepredigt und selbst vorgelebt hat, ganz neu an Aktualität gewonnen. Wieder haben wir erkannt, dass kriegerische Auseinandersetzungen weder den Terrorismus aus der Welt schaffen noch das Zusammenleben in Palästina sichern können. Wir haben lernen müssen, dass, wenn wir von militärischen Maßnahmen als ultima ratio reden, wir mit „ultima" wirklich nur die allerallerletzte Möglichkeit meinen dürfen, nämlich jene, die erst dann ergriffen werden darf, wenn alle anderen friedenserhaltenden Maßnahmen nicht zum Ziel geführt haben. Wir werden das Wohin einer friedlosen Welt nicht lenken können ohne die Worte des Lebens, die jener gesprochen hat, der selbst als der gewaltlose Gerechte dieser Welt Frieden geschenkt hat: „Ich bin der gute Hirte. Der gute Hirte lässt sein Leben für die Schafe." Ohne seine Erinnerung an die Kraft der Gewaltlosen ersticken Menschen an ihrer eigenen Friedlosigkeit.

Dramatische Entwicklungen vollziehen sich derzeit im Bereich der Lebenswissenschaften und Biotechnologien. Einerseits werden uns faszinierende Einblicke in Entstehung und Zusammenhänge menschlichen Lebens ermöglicht und Therapien schwerer Krankheiten eröffnet, andererseits droht menschliches Leben zu einer Handelsware zu verkommen. Fundamentale Fragen nach dem, was der Mensch eigentlich ist, was er soll und was er nicht darf, stellen sich neu. Ohne die Dimension des Heiligen liefern wir Menschen uns an uns selbst aus, versuchen unser eigener Gott zu werden und zerstören die Würde des Menschen. Fragen wir in dieser Hinsicht nach dem Wohin des Lebens, so haben wir dem bloß naturwissenschaftlichen Begriff vom Leben das viel umfassendere christliche Lebensverständnis ergänzend an die Seite und kritisch gegenüberzustellen. Jesu Worte ewigen Lebens helfen uns, einem zunehmend unter materialistischen Gesichtspunkten gesehenen Lebensentwurf heilsam entgegenzutreten. Seine Verkündigung eines Lebens in Beziehung zu Gott, dem Heiligen, ist die Verheißung erfüllten Menschseins. „Ich bin der Weg und die Wahrheit und das Leben; niemand kommt zum Vater denn durch mich." Ohne das Wachhalten eines so umfassenden Lebenssinnes ersticken Menschen an der Verzweckung des Lebens. „Wollt ihr auch weggehen?" So hat Jesus seine Jünger gefragt. Und Petrus hat ihm bekennend geantwortet: „Herr, wohin sollen wir gehen? Du hast Worte ewigen Lebens. Und wir haben geglaubt und erkannt: Du bist der Heilige Gottes."

„Wohin wollen Sie eigentlich?" So wurden wir gefragt. Und wir nehmen die Antwort des Petrus auf und führen sie weiter: „Herr, wohin sollen wir gehen? Du hast Worte ewigen Lebens. Und wir haben geglaubt: Du bist es, in dem unser Suchen zu seinem Ziel kommt. Und wir haben erkannt, dass du diese Welt führen wirst zur Fülle des Lebens."

Bischof Ulrich Fischer

Jeder sehnt sich

Jeder sehnt sich im Innersten nach Frieden,
ob es der große Weltfrieden ist
oder der Frieden in der eigenen Familie.

Frieden ist doch auch
die Geborgenheit, die Freiheit,
die jeder Mensch braucht, um sich zu entfalten.

Jana Schartel, 13

Christlicher Friedensdienst

Durch die Stimme Jesu versuchst du, uns zurückzuhalten von den Wegen, die in den Krieg führen.
Gib uns deshalb Ohren, die wirklich zuzuhören vermögen, in diesen Wochen, in denen Machthaber den Krieg zum Mittel der Politik erklären und Mütter und Väter in den Ländern der Krisenregion um das Leben ihrer Kinder bangen!

Lass Jesu Versprechen in diesen Tagen wahr werden, dass wir die richtigen Worte finden werden, wenn wir deinen Friedenswillen bezeugen vor den Herren der Welt und unseren Mitmenschen!

Wir bitten um deinen Beistand für die Christinnen und Christen, die in diesen Wochen in aller Welt öffentlich Zeichen setzen wollen für Frieden auf Erden und deshalb Kritik und Verleumdung ernten oder sogar in persönliche Gefahr geraten.

Lass christliche Frauen und Männer in Politik und Militär nicht allein, wenn sie schwere Gewissenskonflikte durchmachen – besonders in unserem eigenen Land; Verschaffe jeder Stimme Gehör, die nicht den Sieg der Waffen verspricht, sondern die Gewissheit unermesslichen Leides und die Ungewissheit des Endes ins Bewusstsein ruft!

Bewahre unsere eigene und alle Kirchen auf Erden davor, Jesus aufs Neue zu verleugnen, wie so oft in der Geschichte der Kriege! Wecke in uns Dankbarkeit für jeden Menschen, der dem Unrecht widerspricht und zugleich den Weg des Friedens nicht verlässt!

Fürbittendienst „Brot für die Welt"

Wenn wir in Frieden
beieinander wohnten,
Gebeugte stärkten
und die Schwachen schonten,
dann würden wir
den letzten heiligen Willen
des Herrn erfüllen.

*Johann Andreas Cramer (1723–1788),
deutscher Theologe und Dichter*

Brücken bauen

Der interreligiöse Dialog und die Beziehungen zwischen Menschen unterschiedlichen Glaubens sind schon an sich Ausdruck eines wahren Glaubens an Gott. Sie bauen Brücken des gegenseitigen Vertrauens und der Achtung und reißen die Mauern der Feindseligkeit nieder. Die interreligiösen Beziehungen können nicht von ihren möglichen sozialen und politischen Auswirkungen getrennt werden. Durch Dialog, Selbsterforschung, Gebet und Betrachtung können wir die Situationen der Verzweiflung in vielen Teilen der Welt, die zur Anfachung von Hass und Gewalt beitragen, besser verstehen und fähig werden, eine Antwort auf sie zu geben. Ich bete dafür, dass wir durch diese Mittel die richtigen Wege finden zur Bekämpfung der Armut, der wirtschaftlichen Ungleichheiten, der Verletzungen der Menschenrechte, der Strukturen des Machtmissbrauchs und anderer schwerwiegender Ungerechtigkeiten, die eine solche Verzweiflung noch verstärken.

In einer Welt, die erschüttert wurde von der Schärfe der von religiösem Fundamentalismus angefachten Hassgefühle, wurde dem Dialog zwischen den Religionen neue Aufmerksamkeit und Priorität eingeräumt. Das höchste Ziel dieses Dialogs – sowie des Gebets und der Überlegungen, die wir nun anstrengen werden – besteht im Hören auf das, was Gott uns durch unsere verschiedenen Traditionen sagen möchte. Auf diese Weise können wir die Gnade und den Willen Gottes erkennen und jenen Einstellungen eine Absage erteilen, die religiös motivierte Konflikte legitimieren …

Auf den Politikern der ganzen Welt lastet derzeit eine schwere Verantwortung. Gleiches gilt für die Religionsgemeinschaften, die Finanzwelt, die Bereiche von Wissenschaft und Erziehung, die Einrichtungen und Organi-

sationen des Informationssektors und die Unterhaltungsbranche. Die globalisierte Welt darf nicht ein Schauplatz brutaler Auseinandersetzungen sein, sondern sie muss ein Ort der Suche nach einer gemeinsamen Zukunft der Menschheit werden ...
Mögen wir alle – durch unseren Gottesdienst und unser Gebet – Werkzeuge sein, durch die Gott für die Heilung der Welt wirken kann.

Ishmael Noko (Lutherischer Weltbund),
Friedensgebet Assisi 2002

Dein Friede befreit, o Gott

Schenke, o Gott, deiner heiligen Stadt Jerusalem und der ganzen Welt deinen Frieden! Verankere ihn in den Herzen aller Menschen, denn dein göttlicher Frieden ist der Frieden, den die Welt nicht geben kann. Dein Frieden befreit alle, die in den Netzen der körperlichen oder psychischen Gewalt als Täter oder Opfer gefangen sind. Hilflos sehen wir die vielen Formen der Gewalt und des Unrechts – von der großen Politik bis hin zum alltäglichen Miteinander.
Schaffe, o Gott, unseren großen und kleinen Grenzen Frieden! Erfülle die Mächtigen mit deinem Geist der Liebe! Hilf auch uns, an deinem Reich des Friedens mitzuwirken, indem wir erkennen und tun, was in unserer Umgebung den Menschen und der Schöpfung zum Frieden und Wohlergehen dient!
Darum bitten wir dich, du Gott der Liebe und der Treue! Wir loben dich und danken dir in Ewigkeit.

Rundbrief der Abtei Dormitio, Jerusalem, Oktober 1996

Dankgebet nach einem Streit

Oft streiten wir,
denken, es geht nicht mehr weiter,
wir müssten dem anderen den Rücken zukehren,
weil er mir nur Böses wolle,
mir schade,
mich hindere, meinen Weg zu gehen …

Doch plötzlich,
wenn es fast ausweglos erscheint
beieinander zu bleiben,
wenn es fast ausweglos erscheint
miteinander zu reden,
dann bittet einer Gott
um seinen Geist des Friedens
und des guten Willens.

Und plötzlich spüre ich wieder frischen Wind,
atme wieder frei,
bin nicht mehr bedrückt,
erkenne wieder meinen Bruder
und meine Schwester im Nächsten,
und wir können wieder miteinander reden,
statt uns gegenseitig anzuschreien.

Gott, ich danke dir dafür,
dass du mir immer wieder
neuen Mut zur Versöhnung,
neuen Mut zum Frieden,
neuen Mut zu einem Leben
in gegenseitiger Achtung und Liebe gibst.

Angelika Wildegger

Meditation zum christlichen Friedensgebet

Von Jesus Christus heißt es im Brief an die Epheser (2,15–18): „Er stiftete Frieden und versöhnte die beiden Teile (gemeint: Heiden und Juden) durch das Kreuz mit Gott in einem einzigen Leib. Er hat in seiner Person die Feindschaft getötet. Er kam und verkündete den Frieden: euch, den Fernen, und uns, den Nahen. Durch ihn haben wir beide in dem einen Geist Zugang zum Vater."

Wir sprechen viel von der Realisierung des Friedens durch die Weltreligionen und darunter auch durch die Christen. Aber wir dürfen dies nicht zu einer harmlosen Devise der Weltbeglückung verfälschen. Christlicher Friede kann zunächst gar nicht abgelöst werden vom gläubigen Sicheinlassen auf die Person Jesu Christi. Diese Verheißungen können nur durch Jesus Christus selbst, seine Jünger und schließlich alle Menschen guten Willens Wirklichkeit werden. Der Friede Jesu Christi ist an seine Nachfolge gebunden. Er kann darum auch nicht abgelöst werden vom Ereignis der Lebenshingabe und des Todes Jesu Christi für alle. Wir dürfen nie vergessen, dass die Versöhnung des Menschen mit Gott und der Menschen untereinander durch den Tod Jesu geschieht. Dabei geht es nicht nur um den Streit zwischen Einzelnen, sondern auch um die Versöhnung zwischen verfeindeten Menschheitsgruppen. Das Schriftzeugnis aus dem Epheserbrief ruft uns dies in Erinnerung, dass nämlich die Trennwand der Feindschaft nur durch Jesu Tod niedergerissen werden kann. Dieser Friede mit Gott ist kein mythisches Naturereignis, das wie ein geheimer Stoff die ganze Welt durchdringt. Hier wird keine leichtfertige Allversöhnung gespielt, die gerade die Mörderbanden begünstigt und die Hölle herbeiführt. Es ist keine gefährlich einfache Weltformel, die über verschiedene Interessen und bleibende Konflikte hinweggleitet. Gerade Paulus und das von ihm inspirierte Schrifttum der Bibel weisen immer wieder auf das Unterscheidungsmerkmal aller christlichen Versöhnung und Friedensbereitschaft hin: das Kreuz und das Blut Jesu Christi. Überall, wo sich eine Naturmystik der Versöhnung aller mit allen oder eine berauschte und berauschende Weltverbrüderung in die christliche Rede vom Frieden einmischen, erinnert die Schrift an unabdingbare Voraussetzungen der Versöhnung, wie sie besonders im Leben Jesu verwirklicht worden sind: Einstehen für das Reich Gottes, Aufstand gegen das Unrecht, Solidarität mit den Schwächeren und Entrechteten, gewaltloser Widerstand, Hingabe des eigenen Lebens, Einsatzbereitschaft, Opfer ...

Spätestens hier wird alle Begeisterung für Versöhnung und Frieden mit dem Kreuz der Wirklichkeit zusammengebracht. Das Christentum wehrt bei aller Gewissheit von der vollbrachten Versöhnung jenem Schwärmertum, das die nüchtern-grausame Wirklichkeit überfliegt. Die alte Welt ist nicht einfach entschwunden. Der Äon des Friedens kann nur anbrechen in einem ständigen Widerstreit mit den Mächten des Bösen. Das menschliche Herz sinnt immer noch nach Zwietracht; Eigensinn und Verhärtung, Selbstbehauptung und Überheblichkeit bedrohen es ständig. Nur so lassen sich die überall verborgene Aggressionslust und Zerstörungswut im Letzten erklären. Aber nicht nur im Inneren des Menschen hausen die Mächte der alten Welt; Seelenfrieden allein wäre ein Missverständnis der biblischen Botschaft. Auch in den sozialen und gesellschaftlichen, politischen und institutionellen Strukturen unseres Lebens nisten Feindseligkeit, Tendenz zur Unterdrückung und Gewalt. Sie sind widerständig, wenn es um ihre Veränderung geht. Wenn die Bereitschaft zur Versöhnung und zum Frieden nicht das Heimtückische und das Hinterhältige der alten Welt nüchtern und wachsam im Auge behält, erliegt sie leicht einem luziferischen Schein: Die behänden Parolen könnten sich als Irrlichter erweisen. Schon der alte Gentz schrieb im Jahr 1800 von den gut gemeinten Träumen einer menschenfreundlichen Politik: „Sie wähnten, alle Völker der Erde in einem großen kosmopolitischen Bunde zu vereinigen, und sie schufen den grausamsten Weltkrieg, der je die Gesellschaft erschütterte und auseinander riss." Wenn die Aufmerksamkeit auf die Macht des Bösen geschwächt wird, erlahmt die Kraft zur Unterscheidung der Geister. Der Einsatz für den wahren Frieden braucht darum Tapferkeit vor dem Bösen, Ausdauer im Leiden und Mut zur Freiheit und Stärke. Versöhnung auf Erden kann nur in einem ständigen, unverdrossenen Streit mit den Gewalten des Unfriedens gewonnen werden. Versöhnung muss immer wieder durch Anfechtung und Bedrohung hindurch erkämpft und geschützt werden.

Gerade das schon zitierte Friedenslied aus dem Epheserbrief (2,14–18) bindet die Versöhnung energisch an das Kreuz. Dies gilt vor allem für eine Grundhaltung des Gewaltverzichts und der Feindesliebe. Denn diese fordern noch mehr „Widerstand": Sie dürfen nicht vor dem in militanter Drohhaltung entgegentretenden Gegner resignieren, sondern müssen ohne jeden Abstrich bis hin zur Preisgabe ihres Lebens gewaltlos Widerstand leisten. Jesu Verhör und Verurteilung durch Pilatus (vgl. Joh 18,28ff.) kann zeigen, was damit gemeint ist.

Eintreten für den Frieden – nicht Streiten um den Frieden – ist darum eine besonders harte Sache. Der Friede ist nicht irgendein Werbeartikel, mit dem man sich jederzeit anbiedern kann; dafür ist er zu empfindlich, denn er hat etwas mit moralischer Herausforderung zu tun. Die Bedrohung der Versöhnung geht dabei von allen aus; sie wohnt im eigenen Herzen. Man darf nicht nur auf den anderen, den „Feind" zeigen. Darum ist auch die Angst des anderen verständlich. Hier kommt es dann zuerst auf „vertrauensbildende Maßnahmen" an.

Die Notsituation und die Gebrochenheit dieser zwar erlösten, aber immer noch in Wehen liegenden Welt lässt sich nicht übersehen. Dies ist auch der innere Grund, warum sich die biblischen Verheißungen zwar durch das mutige Glaubenszeugnis des einzelnen Christen, der wie ein Narr wirken mag, aber nicht einfach als allein gültige Handlungsanweisung für jedermann realisieren lassen. Das Evangelium vom Frieden braucht die mühsame, stets durch ein kaum durchdringbares Dickicht von Interessen begleitete und so immer umstrittene Durchsetzung in den widerborstigen Strukturen der Welt. Darum kann die Versöhnung in den weltweiten Zusammenhängen unseres Lebens, wo nie einfachhin Oasen des immerwährenden Friedens sind, nicht gelingen ohne das mühsame, oft auch zweideutige Handwerk der Politik. So gehört auch das Angewiesensein auf begrenzte Mittel zum Kreuz der Wirklichkeit.

Durch das Bleigewicht der Erfahrung der Gebrochenheit unserer Hoffnung könnte man vor lauter Nüchternheit und Realismus den Mut zum Frieden und zur Versöhnung verlieren. Christliche Hoffnung zeichnet sich aber gerade dadurch aus, dass sie Hoffnung gegen alle Hoffnung ist und bleibt. Darum darf sie sich bei allem Wissen über ihre Misserfolge nicht die Flügel der Begeisterung stutzen lassen. Die Versöhnung durch Gott und in ihm der Menschen untereinander ist bereits eine anbrechende Wirklichkeit, die unseren irdischen Lebensbereich durchdringen und umgestalten kann. Darum verlangt Friedensbereitschaft ein Leben im Aufbruch, das sich nicht durch Enttäuschungen und Niederlagen entmutigen lässt. Die christliche Hoffnung ist zwar in lebendiger Erwartung auf noch Künftiges ausgestreckt, das sie wie eine Gebärende mit Seufzen und in Wehen herbeisehnt, aber sie hat auch jetzt schon die Gewissheit, dass sie wenigstens fragmentarisch im Bereich des bereits anbrechenden Heils, das zur Vollendung drängt, leben kann. Sie ist wie die Morgenröte über den Bergen, die man im Tal noch nicht wahrnehmen kann. Und darum haben auch utopische Zukunftsentwürfe, Träume und Spiele der Phantasie des Friedens ihr Recht, wenn sie – ihrer Grenzen bewusst – uns anleiten helfen, die immer wieder festgefahrenen Schranken von Versöhnung und Verständigung zu überschreiten. Eine letzte Sicherheit des ewigen Friedens vermag in dieser Zeit niemand zu geben. Die mittelalterlichen Mysterienspiele haben nicht zufällig die Sicherheit, die sich fern aller Gefährdung wähnt, in die Gestalt des Teufels gekleidet.

Solange diese Welt, in der wir leben, andauert, und das Reich Gottes nicht durch die Tat Gottes selbst da sein wird, ist die geschichtliche Gegenwart immer auch von den Mächten des Bösen bestimmt. Der Zwiespalt zwischen der künftigen Macht der vollen Erlösung und den Kräften der alten Welt ist nicht einfachhin aufzuheben. Von dieser Gebrochenheit ist kein christliches Handeln ausgenommen. Dies gilt auch für den Friedensdienst. Mit der Drohung und dem Einsatz von Gewalt allein kann kein friedliches Zusammenleben der Menschen in Gerechtigkeit garantiert werden. Die geschichtliche Erfahrung lehrt aber ebenso, dass ein einseitiger Gewaltverzicht keineswegs den Frieden stabilisiert, denn er würde vom Gegner als Schwäche und Erpressbarkeit registriert. Jeder Friedensdienst – mit und ohne Waffe – ist von diesem Dilemma und Paradox gekennzeichnet ...

Nur im Durchhalten dieser Spannungen gibt es christlichen Frieden. Es ist die Größe des biblischen Friedens, dass er nichts von unserer elenden Wirklichkeit und von unserer großen Hoffnung weglügt. Die Alten haben immer wieder erklärt, Gott sei der, von dem die äußersten Gegensätze umfasst werden und in den sie auch münden. Darum ist Er zuletzt allein unser Friede.

Karl Kardinal Lehmann,
„Tag der Weltreligionen" bei der EXPO 2000 in Hannover

> Am Baum des Schweigens
> hängt seine Frucht,
> der Friede.
>
> *Arabische Spruchweisheit*

Fürbitten

Zu Jesus Christus, der uns den Weg der Barmherzigkeit und des Friedens gezeigt und am Kreuz für uns vollendet hat, beten wir heute in den Anliegen der Menschen im Heiligen Land:

Wir beten für die Kinder und Jugendlichen, die angesichts von Terror und Gewalt aufwachsen, dass sie keinen bleibenden Schaden nehmen an Leib und Seele.

Wir beten für die Eltern dieser jungen Menschen, dass sie ihre Familien trotz erfahrener Gewalt, Ungerechtigkeit und Zukunftsangst auf eine friedlichere Zukunft vorbereiten können.

Wir beten für die jungen Menschen, die einen gewaltfreien Weg der Konfliktlösung beschreiten möchten, um Kraft, Unterstützung und Respektierung ihrer Entscheidung.

Wir beten für die Verantwortlichen in den Religionen und Regierungen, dass sie das ihnen Mögliche mutig umsetzen, um Wege der Versöhnung zu beschreiten.

Wir beten auch für uns, dass unser Glaube wachse und wir nicht müde werden, uns für Versöhnung, Gerechtigkeit und Frieden in unserer Umgebung und in der Welt einzusetzen.

„Montagsgebet um den Frieden",
Pfarrei St. Vitus, Rottendorf

Wer das Böse nur mit Bösem vergelten will,
verlängert die Herrschaft des Bösen.
Und wer das Böse nur beim andern wahrnimmt
und das Gute allein bei sich selbst,
verstärkt das Böse.

Bischof Wolfgang Huber

Ich glaube nicht

ich glaube nicht
dass du heiter und gelassen
unserem treiben zusiehst
und dann und wann
trost spendest
so in dem sinn von
da musst du durch
und wird schon wieder

wenn du tatsächlich
mutter und vater bist
dann raufst du dir
die haare
krümmst und windest dich
vor schmerz

vor allem dann
wenn alles
in deinem namen
geschieht
wie immer
sie dich auch nennen

Beate Reiß

> Frieden kannst du nur haben,
> wenn du ihn gibst.
>
> *Marie Freifrau von Ebner-Eschenbach*

*Gesegnet,
die auf Erden
Frieden stiften.*

William Shakespeare

Was sollen wir sagen?

Die Ohnmacht ist uns ins Gesicht geschrieben. Die Wörter bleiben einem im Hals stecken, wenn man bedenkt, was geschieht. Menschenrechte werden mit Füßen getreten. Das führt zur Vertreibung, zur Misshandlung, Mord und Massakern. Dazu dürfen wir nicht schweigen. Sind Bomben in dieser Situation die einzig richtige Antwort? Gibt es wirksame Alternativen? Das ist das Dilemma. Wir, Theologen und Bischöfe, wissen's nicht besser, wir haben die Lösung nicht in der Tasche. Die Situation in Krisengebieten dieser Welt gibt uns mehr Fragen auf, als uns Antworten gegeben sind.
Was ist das für eine Welt, in der wir leben – nicht etwa in Afrika, sondern hier in Europa?! Unglaublich, zu welchen Gräueltaten Menschen fähig sind. Was für eine Welt? Keine heile Welt, kein Paradies. In der Euphorie der großen Wende vor zehn Jahren hatten viele gedacht, jetzt sei eine neue Ära angebrochen, die Staaten hätten gelernt, ihre Konflikte politisch zu lösen, ohne Gewalttat, ohne Krieg, in einem fairen Interessenausgleich. Viele unterschätzten und unterschätzen die Macht des Bösen, wollen sie nicht wahrhaben, verdrängen sie. Sie steckt unserer Welt und uns Menschen in den Knochen. Sie lässt sich nicht aus ihr hinausträumen. Lässt sie sich hinausbomben? Kaum! Es entsteht neues Unrecht, und schon stecken wir in der Spirale der Gewalt. Schrecklich! Was sollen wir sagen, was tun? Resignieren? Schweigen?
Jesus hat keine politische Doktrin vorgelegt. Aber er ist einen bestimmten Weg gegangen. Den können wir nicht verschweigen, erst recht nicht, wenn wir ihn in den Kar- und Ostertagen in seinen einzelnen Stationen nachgehen. Sein Weg und seine Botschaft lassen sich nicht vom Krieg gefangen nehmen.

Jesus hat die Gewalttat am eigenen Leib zu spüren bekommen. Dafür steht das Kreuz. Er hat der Gewalttätigkeit nicht durch einen Akt der Gegengewalt widerstanden, sondern durch die Passion seiner Liebe. Sein Weg führt nicht über Leichen. Wer über Leichen geht, verlässt den Weg Jesu. Jesus sagt uns: Ihr müsst andere Wege suchen, ihr dürft nicht stehen bleiben bei Vergeltungsschlägen. Macht damit so schnell wie möglich Schluss! Das Kreuz ist das Zeichen unzerstörbarer Liebe. Darauf liegt die Verheißung, die uns mit Ostern geschenkt ist.

Der Weg Jesu – heraus aus der Gewaltspirale. Darum wird der Papst nicht müde, unser Gewissen zu schärfen, damit wir uns nicht mit dem Krieg abfinden. Darum sein Ruf nach neuen Friedensverhandlungen. Für eine politische Lösung „ist es nie zu spät". Es geht nicht so sehr um den Sieg im Krieg, sondern um den Sieg über den Krieg. Der schafft Frieden. Es geht darum, den Krieg zu besiegen.

Lasst uns beten, das heißt: Lasst uns Gott etwas zutrauen! Lasst uns ihm mehr zutrauen als uns! Wir machen uns Gottes Einspruch gegen die Mächte der Zerstörung zu Eigen und halten den Glauben an seinen Lebenswillen für alle Geschöpfe unter uns wach. „Gott ist ein Freund des Lebens." Wenn unser Gebet daran festhält, werden wir nicht in fatalistische Resignation versinken oder in träumerische Wunschvorstellungen entschweben. Beten ist kein Opium, sondern ein Akt des Widerstands gegen die Macht des Bösen. Wer betet, nimmt teil an Gottes gewaltlosem Widerstand gegen das Böse.

Was verändert das Beten? Nicht zuletzt uns selbst. Es schließt Gewissenserforschung ein für uns persönlich und für uns als Kirche. Wir können uns nicht um unsere eigenen zerstörerischen Worte und egoistischen Taten herummogeln, wenn das Gebet aufrichtig sein soll. Auch

nicht darum, dass Religionen zu oft am Frieden schuldig geworden sind. Die Wende zum Frieden in Gerechtigkeit, die wir im Weltmaßstab erbeten, beginnt bei uns, im persönlichen Leben, im Verhalten der Kirche, in unserer Gesellschaft im Ganzen.
Betend bereiten wir jene Friedensordnung vor, die keiner Gewalt bedarf, sondern auf Vertrauen und auf Gerechtigkeit gegründet ist.

Bischof Franz Kamphaus

Wie spielt man Frieden?

Ein russischer Schriftsteller erzählte, wie er einmal sechs- bis siebenjährige Kinder beim Spielen beobachtete. „Was spielt ihr?", fragte er. – „Wir spielen Krieg", antworteten die Kinder begeistert. – Daraufhin der Schriftsteller: „Wie kann man Krieg spielen! Ihr wisst doch, wie schlimm Krieg ist. Ihr solltet Frieden spielen!" – „Das ist eine gute Idee", sagten die Kinder. Dann trat Schweigen ein, Beratungen und Tuscheln und wieder Schweigen. Schließlich trat ein Kind hervor und fragte: „Großväterchen, wie spielt man Frieden?"

Marie Luise Dieckmann

> Nie wieder Krieg.
> Nie wieder Terrorismus.
> Stattdessen Vertrauen, Güte,
> Gerechtigkeit, Frieden, Liebe.
>
> *Papst Johannes Paul II.*

Es wäre wunderschön

Es wäre wunderschön,
Frieden auf der Erde zu haben!
Es wäre wunderschön,
wenn es keinen Krieg gäbe;
dann müssten Kinder und ihre Familien nicht leiden!
Es wäre wunderschön,
wenn manche Leute nicht nur an sich denken würden!
Es wäre wunderschön,
wenn sich die Länder
nicht gegenseitig bekämpfen würden!
Es wäre wunderschön,
wenn sich Familien nicht streiten würden,
und wenn doch,
dann sollen die Kinder nicht drunter leiden!
Es wäre wunderschön,
wenn die Ausländer nicht gedemütigt würden!
Es wäre wunderschön,
wenn man den anderen so respektieren würde,
wie er wirklich ist,
und ihn nicht ausschließt!

Lieber Gott, mach, dass alles möglich wird, denn es geht
ja nicht nur um uns, sondern auch um die anderen! Hilf
uns dabei! Schenke uns Kraft und Mut!
Das wäre wirklich wunderschön.

Maria Blinow, 10
Olga Fuks, 12
Vanessa Weymann, 11

Irgendwo Frieden

Irgendwo in den Trümmern der Bombardierungen
liegt unsere Hoffnung begraben.
Irgendwo in den Schreien der Verbrannten
erstickt unsere Hoffnung.
Irgendwo in den Tränen der Überlebenden
geht unser Mut verloren.
Irgendwo in den Schmerzen der Verwundeten
quält sich die Menschlichkeit.
Irgendwo in den lachenden Gesichtern der Täter
wird Liebe vergessen.
Irgendwo in den Giftgasschwaden
verschwindet das Mitgefühl.
Irgendwo in den leeren Blicken der Augenzeugen
zerstören wir das Vertrauen.
Irgendwo hoffen Menschen auf deinen Frieden.

Marcus C. Leitschuh

Krieg oder Frieden?

Diese Frage beschäftigt die Menschheit von Anbeginn der Zeit an. Im Jahr 2001 gab es weltweit 46 kriegerische Auseinandersetzungen rein militärischer Art. Nicht berücksichtigt dabei sind die „Wirtschaftskriege", die in den westlichen Industrienationen an der Tagesordnung sind. Verdrängungswettbewerbe, Strukturreformen und arbeitsmarktstrategische Umstrukturierungen treiben Firmen in den Ruin und somit bleiben auch die dranhängenden Menschen auf der Strecke. Der Krieg scheint zu unserem täglichen Leben dazuzugehören. Gelangweilt nehmen wir in den Nachrichten noch zur Kenntnis, wo

gerade wieder Krieg ist, um dann zum Abendprogramm umzuschalten. Schaut Gott da tatenlos zu? Sind IHM seine Kinder völlig egal? Was sagt die Bibel dazu?
An dieser Stelle wird gern auf das Alte Testament verwiesen. Bibelgegner sind dann schnell mit Begriffen wie „blutrünstig" und „barbarisch" bei der Hand. Aber schauen wir doch einmal auf das Neue Testament und wie Jesus mit dem Thema Krieg bzw. Frieden umgegangen ist. Bei Matthäus 10,34 sagt Jesus: „ Ihr sollt nicht meinen, dass ich gekommen bin, Frieden zu bringen auf die Erde. Ich bin nicht gekommen, Frieden zu bringen, sondern das Schwert." Auch die weiteren Verse lassen Jesus nicht gerade als den Friedensstifter erscheinen. Aber etwas mehr Aufschluss gibt uns eine wesentlich bekanntere Stelle der Bibel. Allweihnachtlich hören wir die Weihnachtsgeschichte aus dem Lukasevangelium. Bei Lukas 2,14 heißt es: „Ehre sei Gott in der Höhe und Friede auf Erden bei den Menschen seines Wohlgefallens."
Der Frieden wird also denen verheißen, die Gott wohlgefällig sind. Wie aber können wir Gottes Wohlgefallen erlangen? Das ist gar nicht schwer. Gott wünscht sich von jedem Menschen, dass er eine Beziehung zu IHM eingeht und seinen Sohn Jesus Christus als Retter und Erlöser annimmt.
Und genau hier sind wir auch bei dem Schlüssel zum Thema Frieden. Es geht um Beziehungen. Wo Beziehungen gestört sind, kommt es zu Auseinandersetzungen. Wo unsere Beziehung zu Gott dem Vater unterbrochen oder gestört ist, können wir nicht mit seiner Liebe gefüllt werden und nicht seinen verheißenen Frieden haben. Wo unsere Beziehungen zu unseren Mitmenschen gestört sind, kann auch die Liebe, die Menschen verbindet, nicht fließen! Allenfalls wird eine Gleichgültigkeit herrschen, die Feindschaft überhaupt erst möglich macht. Alle

Gebote, die Gott gegeben hat und die ein friedvolles Miteinander auf der Erde möglich machen, sind in dem „Doppelgebot" zusammengefasst. „Du sollst den Herrn, deinen Gott, lieben von ganzem Herzen, von ganzer Seele und von ganzem Gemüt." Und: „Du sollst deinen Nächsten lieben wie dich selbst" (Mt 22,37.39).
Ganz klar – wer in einer lebendigen Beziehung zu Gott dem Vater lebt, sich mit seiner Liebe füllen lässt, sich selbst als Kind Gottes annehmen kann, der kann auch seine Mitmenschen mit Gottes Augen sehen und sie lieben. Damit wäre den weltweiten Kriegen jegliche Grundlage entzogen. Das, was den Kriegen aller Art auf dieser Welt Vorschub leistet, ist die immer weitere Abkehr des Menschen von Gott. Nicht ER hat sich von uns abgewendet, sondern wir von IHM.

Ulrich Heinemann

Gesegnet sollen sein

Gesegnet sollen sein:
im Namen des Friedens, der aus Gott ist,
die Völker aller Rassen,
die Menschen aller Länder.

Gesegnet sollen sein:
Himmel und Erde,
Wolf und Lamm, Falke und Taube,
die ganze Schöpfung.

Gesegnet sollen sein:
Freund und Feind,
damit sie Brüder und Schwestern werden.

Gesegnet sollen sein:
Schwarze und Weiße,
Menschen aus Ost und West,
aus dem reichen Norden und dem armen Süden,
damit sie Frieden und Freundschaft schließen
ein für allemal.

Gesegnet sollen sein:
Christen und Atheisten, Muslime und Hindus,
Juden und Heiden, damit sie eins werden in Gott.

Gesegnet sollen sein:
die Unwissenden und die Weisen
und alle, die Gott über sich anerkennen.

Gott segne alle,
und sie sollen Segen sein für die Welt
und für die Menschen unserer Erde.
Der Friede Gottes sei mit uns allen.

Roland Breitenbach

Mein Frieden

Meinen Frieden fand ich, als ich endlich erkannte, dass es keinen Frieden gibt. Das mag seltsam klingen, doch das frühere Toben meiner Seele entsprang dem Wunsch, eine perfekte, eine durch und durch friedliche Welt wahrhaftig schaffen zu können, aus eigener Kraft. Von jeder Unstimmigkeit, ja, jeder Unvollkommenheit in eine zum Himmel schreiende Verantwortung gerufen, wollte ich diese in meinen Augen oft so grausame, kalte und verlorene Welt retten, ihr zum Heil verhelfen, vierundzwanzig

Stunden am Tag, sieben Tage die Woche. Was für ein hehres Anliegen, was für eine teuflische Überheblichkeit.

„Solange die Erde steht, soll nicht aufhören Saat und Ernte, Frost und Hitze, Sommer und Winter, Tag und Nacht" (Gen 8,22). Der biblische Zuspruch an Noach ist realistischer: Wer ernten will, muss sähen, und das bedeutet: hart arbeiten, die Kälte wird bleiben, harte Winter werden kommen, und es wird weiterhin auch dunkel sein – in der Welt, in anderen und in mir. Solange die Erde steht, werden nicht aufhören Krankheiten, Katastrophen, Verzweiflung, Neid und Tod. Ich wollte das nie wahrhaben, bis meine Begrenztheit der Schlüssel zum Frieden wurde.

Den vollkommenen Frieden auf Erden werden wir nicht erleben. Erst als ich das verstanden hatte, konnte ich Frieden mit dieser Welt schließen. Frieden mit meinen Ängsten, meinen Schwächen, den scheinbaren und offensichtlichen Ungerechtigkeiten, ja – so brutal das klingen mag – sogar mit den hungernden Kindern in Afrika. Vor allem aber fand ich Frieden mit Gott. Das Heil liegt nicht in meiner Hand.
Und erst dieser Frieden gibt mir Kraft, nun auch dafür einzustehen, dass der Friede Gottes in dieser Welt wächst und sichtbar wird. Manchmal bin ich nicht sicher, ob wir das Stadium des Senfkorns wirklich schon hinter uns gelassen haben, aber weil ich mit meiner Gier nach dem großen Frieden versöhnt bin, glaube ich an den kleinen.

Als ich die Welt besiegen wollte, war ich ihr Gegner, jetzt bin ich ihr Freund. Ich kämpfe nicht gegen sie und das Schicksal, ich kämpfe mit diesen beiden, Seite an Seite, ängstlich, tapfer, oft den Tränen nahe, aber verliebt: in

eine scheinbar so unvollkommene und vielleicht gerade dadurch zu mir passende Schöpfung, deren Schmerzen ich auch empfinde.
Das ist mein Frieden. Solange die Erde steht ...

Fabian Vogt

> Friede ist die Zeit,
> in welcher die Söhne
> ihre Väter begraben.
> Und Krieg ist die Zeit,
> in welcher die Väter
> ihre Söhne begraben.
>
> *Herodot (um 485–425 v. Chr.),*
> *Vater der Geschichtsschreibung*

Miteinander verbunden

Allmächtiger Gott, du hast die vielen Völker durch gemeinsamen Ursprung miteinander verbunden und willst, dass sie eine Menschheitsfamilie bilden. Die Güter der Erde hast du für alle bereitgestellt. Gib, dass die Menschen einander achten und lieben und dem Verlangen ihrer Brüder nach Gerechtigkeit und Fortschritt entgegenkommen!
Hilf jedem, seine Anlagen recht zu entfalten! Lass uns alle Trennungen nach Rasse, Volk und Stand überwinden, damit in der menschlichen Gesellschaft Recht und Gerechtigkeit herrschen!

Klemens Richter

Frieden auf Erden

Frieden auf Erden, in und bei mir?
Frieden auf Erden, vor meiner Tür?
Frieden auf Erden, heute und jetzt?
Frieden auf Erden, mit Tränen benetzt?
Frieden auf Erden, voll Hunger und Not?
Frieden auf Erden, inmitten von Tod?
Frieden auf Erden, nicht nur ein Traum?
Frieden auf Erden, wo findet er Raum?

Frieden auf Erden, Frieden bei mir!
Frieden auf Erden, vor meiner Tür!
Frieden auf Erden, heute und jetzt!
Frieden auf Erden, mit Tränen benetzt!
Frieden auf Erden, trotz Hunger und Not!
Frieden auf Erden, inmitten von Tod!
Frieden auf Erden, nicht nur ein Traum!
Frieden auf Erden, Gott selbst schafft Raum:

„Er kam herab in unsere Not,
er trug die Schmach und litt den Tod
und wollt sich uns verbünden,
dass wir, von Schuld und Tod befreit,
ein neu Geschlecht am End der Zeit,
sein wahres Leben künden" (Kurt Müller-Osten).

Schwester Erna Carle

Schwerter zu Pflugscharen

Es gibt biblische Bilder, die überwältigen. Bilder von einer Kraft, die sogar Gegner des biblischen Glaubens in den Bann schlagen. Zu diesen Bild-Worten gehört gewiss der

Satz: „Schwerter zu Pflugscharen." Niemand anders als die atheistische Sowjetunion hat den Vereinten Nationen eine Plastik geschenkt, die eben dieses biblische Motiv versinnbildlicht: „Schwerter zu Pflugscharen." Es gibt Bilder, die sind so stark, dass sie sich wie von selber aus ihrem Rahmen lösen; dass sie sich also verselbstständigen – sodass am Ende keiner mehr weiß, welchem Zusammenhang sie ihren ursprünglichen Sinn verdanken …

Ein merkwürdiges Bild: Wir greifen – eingreifend! – zu unseren Schwertern, damit andere aus ihren Schwertern endlich wieder Pflugscharen schmieden können. Ist das nicht eine verrückte Welt? Sehr wohl!
Aber ausgerechnet diese verrückte Welt soll gerichtet, zurechtgewiesen, ins rechte Maß und Lot gebracht werden. Und zwar gerade nicht dadurch, dass wir als Erste nichts anderes tun, als unsere Waffen beiseite zu werfen – und sonst nichts. Überhaupt nicht dadurch, dass wir den ersten Schritt tun. Sondern dadurch, dass wir Gott, den Gott Jakobs, den ersten Schritt tun lassen; dass wir zuallererst Gott Gott sein lassen; dass wir uns nicht selber vergötzen – unser Land, unser angeblich heiliges Land –, wir kennen das ja in kleinster Münze: Rückgabe statt Entschädigung. Und schließlich dadurch, dass wir nicht vergötzen unser Land, unser Geld, unser Volk, unsere Rasse, Klasse – und auch nicht unsere Religion!

Dass Gott und Mensch einander unmittelbar begegnen – ist dies nicht längst dadurch geschehen, dass das Wort Fleisch ward und unter uns wohnte? War das nicht ein hinreißendes Ereignis von jener Art, die der Prophet ankündigt? Es scheint jedenfalls nicht ausgereicht zu haben, dass nun alle Völker sich aufgemacht hätten zu dem Berg, da des HERRN Haus ist. Und hätten wir es denn?

Wann also wird Gott sein Völkerrecht sprechen, sein Völkergericht halten? Spricht denn nicht alle historische Erfahrung dafür, dass wir damit warten müssen, bis der HERR am Ende der Tage gar sein Weltgericht halten wird? Also: bis zum Sankt Nimmerleinstag, wie jene sagen werden, die an ein klärendes Weltgericht schon lange nicht mehr glauben können?

Doch unser Text formuliert keine Erfahrungen, sondern Erwartungen – keine Erfahrungen mit den Menschen, sondern Erwartungen an Gott. Unser prophetischer Text ist streng! Er macht uns keine Hoffnung darauf, dass wir die Zeit verkürzen, dass wir den Abstand verringern könnten – zu Gott und seinem Völkergericht.

Der Text ist gewiss streng. Aber er enthält eine Verheißung! Verheißung heißt: Warten. Und Warten heißt eben Warten – und nicht etwa Aufgeben, Abschreiben, Schon-gar-nicht-mehr-dran-Glauben. Wer mit einer Verheißung lebt, lebt anders als ohne.

Wer in Gottes Völkerrecht, Völkergericht, ja: in Gottes Weltgericht den Tag erhofft, an dem sein Schalom, sein Rechts-Frieden unsere Schwerter, unsere Sicheln und unsere Kriegskunst ein für alle Mal entbehrlich macht – für den sieht die Welt anders aus. Nicht, weil er selber sie ändern könnte, sondern weil sie schon anders ist, indem sie es werden wird. Und dann gilt der Satz des Tübinger Theologen Eberhard Jüngel über jenes Weltgericht auf dem Berg, da des HERRN Haus ist: Wer dahin unterwegs ist, der fängt deshalb schon auf Erden an, wenigstens versuchsweise, wie ein Bürger des Reiches Gottes zu leben. „Versuchsweise" – das könnte heißen: das Niveau der Gewaltsamkeit zu senken; den Aufwand für die Schwerter zu senken; neue Formen der Konfliktregelungen zu suchen; unser Völkerrecht weiterzuentwickeln. Aber doch auch im Extremfall, der all unsere Versuche immer wieder enttäuscht: Wir treten der völkermörderischen Gewalt entgegen und bestrafen die Völkermörder.

Versuchsweise wie Bürger des Reiches Gottes zu leben, versuchsweise zu sein wie bei Gott – das ist also immer wieder strikt zu unterscheiden von der Versuchung, zu sein wie Gott. Denn mit dieser Versuchung der Selbstvergötzung hat der Teufelskreis angefangen; Kain und Abel kamen gleich danach. Unser Text zwingt uns zur scharfen Unterscheidung. Er warnt uns vor der Illusion, wir könnten uns aus den Folgen der ursprünglichen Anmaßung mit derselben Anmaßung entfesseln.

Das 20. Jahrhundert war schrecklich gezeichnet von dieser Versuchung der Selbstvergötzung, schrecklicher als alle Epochen davor; zugleich wurden niemals zuvor so viele Versuche unternommen, diese Welt friedlicher zu gestalten, das Völkerrecht voranzubringen – als ob die Menschen immerhin in der Verzweiflung, in der negativen Utopie etwas davon ahnen könnten, was ihnen der Prophet utopisch verheißt. Davon wächst gewiss noch kein heiliger Berg über sich hinaus in den Himmel. Aber vielleicht werden auf diese Weise wenigstens unsere vielen scheinheiligen Berge ein Stück weit abgetragen. Mit der Wut aus der Verzweiflung – mit dem Mut aus der Verheißung ...

Geb's Gott, gebe es wahrlich Gott, dass die Menschen bei all ihren Bemühungen um ihren Frieden immer noch mit seinem Frieden rechnen. Dass sie ihn, den Gott Jakobs, als Schiedsrichter hören – und nicht nur sich selber immer wieder zu Richtern in eigener Sache erheben, zu Richtern und Henkern!

Robert Leicht

Shalom

Schenk Frieden, Wohlfahrt, Segen, Gnade,
Güte und Barmherzigkeit allen Menschen!
Herr, segne uns, uns alle gemeinsam,
mit dem Licht deines Angesichts,
denn es ist Dein Licht in dunklen Zeiten,
das uns Segen und Barmherzigkeit,
Leben und Frieden schenkt!
Gib uns Kraft und Mut,
nach diesen Segnungen zu verlangen
und sie mit unseren Mitmenschen zu teilen!
Gepriesen seist du, o Gott,
der du dein Volk mit deinem Frieden segnest,
überall und zu allen Zeiten!

Jüdisches Gebet

Gott, hörst du nicht das Klagen?

Gott, hörst du nicht die Klagen aus fernen Ländern,
in denen Krieg ist?
Gott, hörst du nicht die Rufe der Armen und Hungernden?
Gott, hörst nicht die Schreie der Leidenden?
Gott, hörst du nicht das Bitten der Kranken?
Gott, hörst du nicht die Sehnsucht der Waisenkinder?

Gott, wenn du uns hören kannst,
dann hilf denen, die unglücklich sind!

Jan Hartung, 10
Jan Schütz, 11

Handgreiflichkeiten ...

Einer hat uns vorgemacht, wie menschliche Hände heilen und helfen, Freude und Frieden vermitteln können. Er war es, Jesus, der menschenfreundliche Gott, der sich auf zärtliche und liebevolle „Handgreiflichkeiten" sehr gut verstand. Denken wir etwa an seine „Handhabung" in Bezug auf die Kinder, seine besonderen Lieblinge. Er nimmt sie in seine Arme, legt ihnen die Hände auf und segnet sie.

Jesus, ein Mensch, dessen Hände Güte und Liebe spürbar werden ließen; Hände, die wohl, nicht weh taten; Hände, die dem Frieden dienten, nicht der Gewalt und nicht dem Streit. Auch wir haben es wortwörtlich in der Hand, wie Jesus von Herzen „handgreiflich" zu sein. Er nahm sein Herz in beide Hände, um es an Gott und an die Menschen zu verschenken. Das war sein Weg zu Friede und Versöhnung. Das sollte auch unser Weg im Hier und Heute sein.

Alois Schröder

> Der innere Friede hängt immer
> vom Menschen selbst ab:
> Der Mensch braucht zu seinem Glück
> im wahren Verstande nichts als ihn
> und braucht, um ihn zu besitzen,
> nichts als sich.
>
> *Karl Wilhelm Freiherr von Humboldt*

Der Glaube eines Atheisten

Während der Wende, in der Zeit der Friedensgebete und überfüllten Kirchen, kamen eines Tages auch in die Görlitzer Kirche unüberschaubar viele Menschen. Die Spannung, die über der Stadt lag, war mit jedem Atemzug zu spüren, mit jeder Pore zu fühlen. Eines Abends war wieder Friedensgebet und die Frauenkirche der Grenzstadt bis auf den letzten Platz gefüllt. Alle hörten mit gemischten Gefühlen den Rednern zu. Bei dem Brief eines Bereitschaftspolizisten über seine Gewissenskonflikte legte sich ein betretenes Schweigen über die sonst so erwartungsvollen, entschlossenen Menschen. In klaren und ergreifenden Sätzen schilderte er seine Angst, wenn er vor sich die zwar noch friedliche, aber riesengroße Menschenmasse und hinter sich die Gewalt eines ungerechten Staates wusste. Keiner hatte bis dahin so recht daran gedacht, dass auch in den gefürchtetsten Polizisten Menschen mit Gefühlen, Ängsten und Hoffnungen steckten.

Da trat ein kleiner, älterer Mann ans Mikrofon und sagte mit leiser, entschossener und keineswegs naiver Stimme: „Lieber Gott! Ich glaube zwar nicht an dich, aber ich bitte dich: Mach, dass die Demonstrationen ohne Blutvergießen ausgehen!"

Sebastian Grund

*Ohne Hoffnung
zu leben
bedeutet aufzuhören
zu leben.*

Fjodor Dostojewski

Gebet aus Südafrika

Jesus Christus,
der du von einer hebräischen Mutter geboren wurdest,
aber voll Freude warst über den Glauben einer syrischen Frau und eines römischen Soldaten,
der du die Griechen, die dich suchten,
freundlich aufnahmst und es zuließest,
dass ein Afrikaner dein Kreuz trug:
Hilf uns, mit Menschen aller Rassen
gemeinsam deinem Reich entgegenzugehen!

Predigt zu Lukas 17,5–6

Unser Glaube an einen Gott, der die Geschicke der Welt in den Händen hält, kommt uns so schwach vor, wenn er nicht schon ganz zerbrochen ist angesichts der Terroranschläge in Amerika und eines drohenden Krieges als Reaktion darauf. Stärke uns den Glauben! Diese Worte könnten wir mit den Jüngern sprechen, denn wir spüren, unser Glaube ist viel zu klein, um uns die Angst vor einer verheerenden Zukunft nehmen zu können. Stärke uns den Glauben! Doch Jesus geht auf diese Bitte gar nicht direkt ein. Wenn ihr Glauben hättet so groß wie ein Senfkorn, sagt er, wenn euer Glaube nur ganz winzig ist, ein einfaches Vertrauen, ein ohnmächtiges, von Zweifeln durchzogenes Warten darauf, dass Gott doch vielleicht irgendwann etwas tut, ein unbeholfenes Gebet, dann könnt ihr Dinge ändern, die so fest und unabänderlich dastehen wie ein alter Maulbeerbaum mit seinen tiefen, starken Wurzeln.

Kleine Senfkörner des Glaubens, das waren für mich auch die Gebete, die wir letzten Sonntag auf den Altar legten in unserem Betroffensein von den schrecklichen Ereignissen in New York und Washington. Ich lese einige davon vor:

Ich trauere um die vielen Menschenleben in New York und Washington! Ich selbst habe Bekannte in New York und hatte erst große Angst. Zum Glück ist nichts passiert! Doch die Amerikaner sollten mal überlegen, warum ein Land so viel Hass auf sie haben könnte!
Ich habe Angst, dass auf einmal alle Moslems, die in unserem Land leben, als Verbrecher abgestempelt werden. Angst vor der Ohnmacht des Hasses. Gott möge uns helfen, Verständnis zu haben.
Ich habe Angst, wenn es Krieg gibt, dass mein Vater mit eingezogen wird. Und es gibt dann viele Tote, darunter vielleicht auch Menschen, die nichts dafür konnten.
Ich habe Angst, dass das Flugzeug abstürzt, wenn meine Oma drin sitzt.
Angst vor der Zukunft. Angst vor der Gewalt.
Ich leide mit den Menschen in Amerika und bin zutiefst erschüttert. Ich bete zu Gott, dass er dieses Leiden nicht schlimmer werden lässt und dass er einen 3. Weltkrieg verhindert.
Gib den Menschen Kraft und Hoffnung! Ich hoffe, dass meine Kollegen am Leben sind.
Ich habe große Angst, dass die Menschheit mit ihrem Hass Kriege heraufbeschwört.
Bilder, Bilder, die einen begleiten, die einen nicht loslassen. Hoffnung auf Frieden??

Kleine Gebete, Bekenntnisse des Zweifels, Senfkörner, so klein und unbedeutend. Doch ich habe die Erfahrung gemacht, als wir am Sonntag vor dem Altar standen und still unsere Zettel auf oder um den Stein auf dem Altar legten, wie diese Gebete mir in unserer Angst Kraft gaben. Diese Gemeinsamkeit im Gebet, im Ausdrücken unserer Ängste und Hoffnungen ließ ein Fünkchen Zuversicht aufleuchten.

Ich fühle mich noch weit davon entfernt, den Maulbeerbaum des Hasses und der Menschenverachtung ausreißen zu können, aber ein kleiner Anfang ist gemacht, ein Anfang, der mich selbst dazu anregt, darüber nachzudenken, wie meine Art zu leben ist und wie ich mit anderen Menschen umgehe. Und in der Gemeinschaft mit Menschen, die ihren schwachen Glauben in einfachen Gebeten zum Ausdruck bringen, wird mein Vertrauen auf die Gegenwart Gottes größer.

Oft fehlt uns dieser Mut, dieses blinde Vertrauen. Wir wissen zu viel um die Gefahren der Welt. Vielleicht wissen wir auch zu wenig von dem herrlichen Grün, von einem lohnenden Ziel, das wir erreichen wollen und das uns die Gefahren des Lebens vergessen lässt. Gott zeigt uns ein Ziel: eine Welt, in der Menschen miteinander und mit der Schöpfung in Frieden leben und einander helfen, glücklich zu sein. Der Abstand zu diesem Ziel ist groß. Wie klein ist unser Glaube! Doch Jesus will uns sagen: Auch in dem ganz kleinen Glauben steckt die ganze Kraft. Das macht uns mutig loszugehen auf das große Ziel, so wie die Bärenraupe mit ihren Stummelfüßen. Oft sehen und kennen wir die Gefahren. Oft sehen wir sie nicht und sie kommen unvorhergesehen. Doch, wenn wir uns zum Gebet zusammentun, dann wächst plötzlich Vertrauen, wir sehen die Welt im Lichte der Möglichkeiten Gottes, der Menschen ändern kann, dass sie sich neu orientieren an einem Leben der Achtung und der Wertschätzung anderer. So lernen wir, weiter zuzugehen auf Gottes Ziel, ohne Hast. Mit Gott haben wir gute Chancen.

Gott lässt unseren kleinen Glauben wachsen und auf einmal können wir alles erwarten, auch das Unwahrscheinliche, das Unvorstellbare. Mit Gott kommen wir an, erreichen das Ziel. Und ist unser Glaube auch noch so klein und schwach und von Zweifeln durchzogen, Jesus sagt uns: „Dein Glaube hat dir geholfen."

Henning Schröder

Wie wird Friede?

Noch einmal darum: Wie wird Friede? Wer ruft zum Frieden, dass die Welt es hört, zu hören gezwungen ist, dass alle Völker darüber froh werden müssen?
Der einzelne Christ kann das nicht – er kann wohl, wo alle schweigen, die Stimme erheben und Zeugnis ablegen, aber die Mächte der Welt können wortlos über ihn hinwegschreiten. Die einzelne Kirche kann auch wohl zeugen und leiden – ach, wenn sie nur täte –, aber auch sie wird erdrückt von der Gewalt des Hasses.
Nur das Eine große ökumenische Konzil der Heiligen Kirche Christi aus aller Welt kann es so sagen, dass die Welt zähneknirschend das Wort vom Frieden vernehmen muss und dass die Völker froh werden, weil diese Kirche Christi ihren Söhnen im Namen Christi die Waffen aus der Hand nimmt und ihnen den Krieg verbietet und den Frieden Christi ausruft über die rasende Welt.

Dietrich Bonhoeffer

> Friede ist nicht die Abwesenheit von Krieg:
> Friede ist eine Tugend, eine Geisteshaltung,
> eine Neigung zu Güte, Vertrauen
> und Gerechtigkeit.
>
> *Baruch de Spinoza (1632–1677)*

Friedensgebet

Gott des Friedens, lass dein Angesicht leuchten, damit wir erleuchtet von dir Gedanken des Friedens entwickeln und so den tödlichen Hass überwinden!

Gott der Versöhnung, berühre unsre Herzen tief, damit wir versöhnt mit uns selbst, mit dir und miteinander das Geschenk der Versöhnung weitertragen in unsere vielfach immer noch so unversöhnte Welt!

Gott des Erbarmens, erscheine in unseren gnadenlosen Rechthabereien und Wortgefechten, damit wir verstummen und die Waffen unserer Worte zu Werkzeugen des Friedens werden!

Gott des Vertrauens, stärke uns mit deiner Kraft, damit wir die lähmende Müdigkeit überwinden und neues Vertrauen aufbauen, wo das Misstrauen so manches zerstört hat!

Gott des Trostes, stehe uns bei, damit wir mit deiner Hilfe auch anderen beistehen können, die abseits stehen, die abgeschrieben sind und keinen Anwalt haben, der für sie eintritt!

Gott der Zuversicht, geh uns voran, damit wir neue Schritte auf den vielen Wegen des Friedens wagen und uns nicht einschüchtern lassen von der Übermacht des Terrors und der Angst!

Gott des Lebens, begleite uns mit deinem großen Segen, damit wir uns deiner verborgenen Gegenwart erinnern, durch die du uns beschenkst und verpflichtest, für die Menschen da zu sein!

Paul Weismantel

Frieden ist ...

Frieden ist, wenn Völker nebeneinander und miteinander friedlich zusammenleben können, zusammenarbeiten, gemeinsame Ziele haben, sich miteinander verständigen und absprechen, keine Waffengewalt einzusetzen, die anderen Völker zu achten und ihre Kultur zu respektieren. Nur dann kann Frieden sein.

Inga Heinemann, 13

Wir brauchen einander

In den vergangenen Monaten haben wir aufs Neue erkannt, wie sehr wir einander brauchen. Wir haben Gewalt, Krieg und Hass erlebt und gesehen, wie die Fehler einer Generation von den Kindern und Kindeskindern wiederholt werden können. Wir benötigen die Gnade Gottes, um unsere Hände in übermenschlicher Großherzigkeit auszustrecken und um uns selbst sowie unsere Nächsten von den Fesseln der Vergangenheit zu befreien.

Das ist weder ein rascher noch ein schmerzloser Weg. Wo Menschen Feindschaft und Misstrauen gelernt haben, braucht es lange, um Freundschaft und Vertrauen aufzubauen. Jesus Christus, der inspirierende Führer aller Christen, hat uns gelehrt, dass die Trauernden selig sind, weil sie getröstet werden. Er lehrte, dass die Barmherzigen selig sind, weil sie Erbarmen finden werden, und dass die Friedensstifter selig sind, weil sie Söhne Gottes genannt werden. Wir sind aufgerufen, voller Hoffnung zu bleiben und nicht den Mut zu verlieren.

Die religiösen Organisationen und wir als religiöse Verantwortungsträger sind mit einem sehr heiklen und schwierigen Auftrag betraut. Trotz unserer Unvollkommenheit sind wir Zeugen der Güte Gottes. Wir versuchen, Worte der Wahrheit, der Liebe und der Vergebung zu sprechen und dabei am Guten festzuhalten. Wir sind uns dessen bewusst, dass unsere Traditionen missbraucht werden können, um die Menschen zu entzweien, anstatt sie zu vereinen. Manchmal haben wir uns eher über die trennenden als über die gemeinsamen Elemente festgelegt.

Wir geben zu, dass wir einander missverstanden und verletzt haben; deshalb müssen wir den Frieden auf unserem inneren Bedürfnis aufbauen, die Vergebung anzunehmen und anzubieten. Unsere Bemühungen müssen allerdings realistisch, im Gebet verwurzelt und prophetisch sein. Wir können nicht den Gefangenen die Freiheit verkünden, ohne auch diejenigen freizulassen, die durch erdrückende Schulden in Armutssituationen geraten. Wenn wir einträchtig mit unseren Nächsten zusammenleben wollen, bedeutet dies, dass wir den Hungrigen zu essen geben und die Kranken medizinisch betreuen müssen.

Wenn wir uns als Mitglieder einer einzigen Menschenfamilie betrachten, müssen wir die guten Dinge, die manche von uns besitzen, mit den vielen Menschen, die all dies nicht besitzen, teilen.
Wir müssen dies auf eine Art und Weise tun, die für alle Menschen ehrenhaft ist, ihre Menschenwürde achtet und sie in die Lage versetzt, sich am wirtschaftlichen und politischen Leben der Welt zu beteiligen.

George Carey, Erzbischof von Canterbury,
Friedensgebet Assisi 2002

Frieden wünschen wir euch

Einen tiefen Frieden im Rauschen der Wellen wünschen wir euch.
Einen tiefen Frieden im Kommen und Gehen des Meeres wünschen wir euch.
Einen tiefen Frieden im sanften Regen wünschen wir euch.
Einen tiefen Frieden im schmeichelnden Wind wünschen wir euch.
Einen tiefen Frieden im erholsamen Grün wünschen wir euch.
Einen tiefen Frieden unter dem Strahlen der Sonne wünschen wir euch.
Einen tiefen Frieden unter der Decke der Nacht wünschen wir euch.
Einen tiefen Frieden von Christus, dem Sohne des Friedens, wünschen wir euch.

Roland Breitenbach

> Frieden bedeutet, dass der Mensch aufhört,
> sich als Wolf seinen Mitmenschen gegenüber
> zu gebärden.
>
> *Papst Paul VI.*

Mache mich zu einem Werkzeug deines Friedens

Herr, mache mich zu einem Werkzeug deines Friedens,
dass ich liebe, wo man hasst,
dass ich verzeihe, wo man mich beleidigt,
dass ich versöhne, wo Streit ist,
dass ich die Wahrheit sage, wo Irrtum ist,
dass ich Glauben bringe, wo Zweifel droht,
dass ich Hoffnung wecke, wo Verzweiflung quält,
dass ich Licht entzünde, wo Finsternis regiert,
dass ich Freude bringe, wo Kummer wohnt.
Herr, lass mich trachten
nicht, dass ich getröstet werde,
sondern dass ich selber tröste,
nicht, dass ich verstanden werde,
sondern dass ich selbst verstehe,
nicht, dass ich geliebt werde,
sondern dass ich selbst liebe.
Denn wer sich hingibt, der empfängt,
wer sich selbst vergisst, der findet,
wer verzeiht, dem wird verziehen,
und wer stirbt, der erwacht zum ewigen Leben.

Dem heiligen Franz von Assisi zugeschrieben

Die friedlichen Kräfte

Wir aus den verschiedenen Religionen treten für den Frieden ein, wollen die friedenswilligen Kräfte in unseren Religionen und Völkern bestärken und ermutigen, wenden uns an Gott, an jenes höchste Wesen, an die im Höchsten wesende Kraft, dass er seinen Frieden schenke und uns Kräfte des Friedens verleihe.

Wir stehen nebeneinander und sprechen nacheinander, jeder und jede in der Weise, wie es ihm bzw. ihr seine bzw. ihre Religion sagt. Wir beten, dass unsere Worte bei Gott, dem höchsten Wesen, ankommen. Wir beten, dass uns in der Welt Frieden geschenkt werde, Friede unter den Völkern, Friede unter den Menschen, Friede in unseren Herzen. Wir beten um eine tiefe und feste Grundhaltung der Friedensgesinnung für uns alle.

Seit den verbrecherischen Angriffen des 11. September 2001 auf das World Trade Center in New York und auf das Pentagon in Washington, seit den darauf folgenden Waffengängen in Afghanistan und im Irak haben wir gespürt, wie fragil und gefährdet der Weltfriede ist. Wir denken an die Stammeskriege in Afrika, im Kongo, in Ruanda, Burundi, in Uganda, Mosambik und Angola. Wir denken an die unseligen Auseinandersetzungen zwischen Israelis und Palästinensern und in Nahost. Wir denken an die Krisenherde im ehemaligen Jugoslawien und in der ehemaligen Sowjetunion. Wir beklagen Mord, Entführung und Gewalt durch Guerilla, Militär und Paramilitärs in Kolumbien und ganz Lateinamerika. Wir denken an die Toten und Leidenden, an die Gefolterten und Gefangenen, an die Gehetzten und Gejagten, an die Verletzten und Verlorenen, an die Verfolgten und Verlassenen. Wir empfehlen sie alle im Gebet der Güte unseres Gottes und bitten ihn um Frieden.

Der Friede hat viele Namen: pax, mir, paz, paix, pace, salaam. Friede verlangt Freiheit, Gerechtigkeit, geordnete Verhältnisse, Gemeinwohl aller. Opus justitiae pax. Gerechtigkeit bringt Friede hervor. Friede ist Frucht gerechter Verhältnisse. Friede ist einer der Namen Gottes. „Er ist unser Friede" (Eph 2,14).

Friede liegt auch in unserer Verantwortung. Dieses zerbrechliche Gut ist unserem freien Denken und Handeln anvertraut. Friede kann nur verwirklicht werden in gemeinsamer Verantwortung. Wir, Vertreter und Angehörige verschiedener Religionen, treten für den Frieden ein. Wir tun das in jener höchsten Ausdruckshandlung, die uns eigen ist, indem wir zu Gott beten, jenem höchsten Wesen, das wir verehren wie nichts sonst in der Welt, dem wir uns anvertrauen und anheim geben, von dem wir Friedenswillen und Friedenskraft erbitten. „Suche den Frieden und jage ihm nach" (Ps 34,15), heißt es im gemeinsamen Gebetbuch des Volkes Israel und der Christenheit.

Bischof Heinrich Mussinghoff

Morgen

Tapfer singt die alten Lieder
gegen neuer Zeiten Hass,
faltet Hände fest dawider,
trocknet Augen, tränennass.

Blutig graut der letzte Morgen,
bleiern sinkt der letzte Tag.
Werft von euch Macht, Geld und Sorgen,
aufersteh, wer schlafend lag!

Hebt die Häupter, die Erlösung
kommt in tiefster Mitternacht,
und dann kommt die letzte Lesung:
Wer wo wen ums Recht gebracht.

Nicht die Panzer unsrer Herzen
werden uns den Sieg ersteh'n.
Wer den Feind liebt, wird trotz Schmerzen
durch den Tod zum Leben geh'n.

Der durch uns am Kreuz gestorben,
starb für seiner Mörder Last,
hat auch sie mit Lieb umworben,
lädt auch uns zum Fest als Gast.

Robert Wiens

> Wenn wir annehmen,
> dass das Leben lebenswert ist
> und dass der Mensch
> ein Recht zu leben hat,
> dann müssen wir eine Alternative
> zum Krieg finden.
>
> *Martin Luther King*

Eine neue Erde

Eine neue Erde, eine Verwirklichung irdischer Wünsche – um dafür zu werben, braucht es keine große Überzeugungskraft. Überall regt sich diese Sehnsucht nach Frieden und Gerechtigkeit, und die Verheißung Gottes nimmt diese zutiefst menschlichen Wünsche ernst. Aber ein neuer Himmel? – Doch beides gehört eben zusammen: Auch in den irdischen Hoffnungen auf eine neue Erde hegt ein geistiger Überschuss, eine tiefe innerliche Sorge, ein Bewusstsein für mehr als das Materielle, eine Suche nach Sinn in der Geschichte. Das alles ist noch nicht der neue Himmel, aber die Christinnen und Christen haben nicht das Recht, diese Sehnsüchte und die menschlichen Bestrebungen und Bewegungen, die daraus erwachsen, gering zu achten. Christinnen und Christen haben auch keinen Grund, die menschliche Sehnsucht nach Frieden und Gerechtigkeit umzudeuten, zu vereinnahmen oder als bloße Vorform eines wahren Christentums zu verstehen. Ihre Hoffnung auf einen neuen Himmel muss sie aber immer dann zum Einspruch bewegen, wenn ein diesseitiger Vollkommenheitsanspruch den Himmel gleich abschaffen oder aus eigener Kraft neu aufbauen will.

Annette Schavan

Die Würde des Menschen ist unantastbar ...

... und dennoch leben Tausende Menschen überall auf der Welt ohne Obdach. Ihres Zuhauses beraubt durch Naturkatastrophen oder persönliche Schicksalsschläge. Wir bitten Gott: Mach uns zu Helfern in der Not!

Die Würde des Menschen ist unantastbar …

… und dennoch leben Tausende Menschen überall auf der Welt auf der Flucht. Machtkämpfe, Hass, Gewalt, Krieg haben sie aus ihrer Heimat vertrieben.
Wir bitten Gott: Mach uns zu Freunden für die Fremden!

Die Würde des Menschen ist unantastbar …

… und dennoch leben Tausende Menschen ohne Frieden. Militärische Gewalt und Terror versetzen sie täglich in Angst und Schrecken.
Wir bitten Gott: Mach uns zum Werkzeug deines Friedens!

Die Würde des Menschen ist unantastbar …

… und dennoch werden Tausende Menschen täglich ihrer elementaren Rechte beraubt. Hautnah spüren sie die Auswirkungen ungerechter Strukturen.
Wir bitten Gott: Mach uns zu Zeugen deiner Gerechtigkeit!

Reiner Degenhardt

> Frage alle Menschen: „Willst du Frieden?" Einstimmig werden alle antworten: „Wir wünschen ihn, ersehnen ihn, wollen ihn, lieben ihn." Liebe also auch die Gerechtigkeit, denn Frieden und Gerechtigkeit sind Freunde; sie halten sich eng umschlungen.
>
> *Augustinus*

und führe uns nicht in versuchung

wer
nicht gegen den strom schwimmt
weiß nicht um die versuchung
sich vom strom treiben zu lassen
wer
nicht nach dem reich gottes trachtet
weiß nicht um die versuchung
sich sein eigenes reich zu bauen
wer
nicht an den armen glaubt
weiß nicht um die versuchung
sich auf die seite der sieger zu schlagen
wer
nicht den mächten des todes widersteht
weiß nicht um die versuchung
ihren glücksverheißungen zu erliegen
wer
nicht täglich sein kreuz auf sich nimmt
weiß nicht um die versuchung
die mitmenschen täglich ans kreuz zu schlagen
wer
nicht mit dem eigenen leben ernst macht
weiß nicht um die versuchung
vor dem ernst des lebens zu kapitulieren
wer
nicht den grenzgang des glaubens wagt
weiß nicht um die versuchung
sich absichern zu wollen durch religion
wer
nicht die gottesfurcht riskiert
weiß nicht um die versuchung
in der menschenfurcht zu verharren

wer
nicht bereit ist das böse in sich zu überwinden
weiß nicht um die versuchung
gegen die bösen anderen zu kämpfen
wer
nicht den weg des lammes geht
weiß nicht um die versuchung
mit den wölfen zu heulen
wer
nicht die dunkle nacht bejaht
weiß nicht um das glück
am morgen dem vater zu begegnen

Peter Fuchs-Ott

Glaubensbekenntnis

Ich glaube an Gott, der die Liebe ist
und der die Erde allen Menschen geschenkt hat.

Ich glaube nicht an das Recht des Stärkeren,
an die Stärke der Waffen, an die Macht der Unterdrückung.

Ich glaube an Jesus Christus,
der gekommen ist, uns zu heilen,
und der uns aus allen tödlichen Abhängigkeiten befreit.

Ich glaube nicht, dass Kriege unvermeidlich sind,
dass Friede unerreichbar ist.

Ich glaube an die Gemeinschaft der Heiligen,
die berufen ist, im Dienst aller Menschen zu stehen.

Ich glaube nicht, dass Leiden umsonst sein muss,
dass Gott die Zerstörung der Erde gewollt hat.

Ich glaube, dass Gott für die Welt eine Ordnung will,
die auf Gerechtigkeit und Liebe gegründet ist,
und dass alle Männer und Frauen
gleichberechtigte Menschen sind.

Ich glaube an Gottes Verheißung,
Gerechtigkeit und Frieden
für die ganze Menschheit zu errichten.

Ich glaube an Gottes Verheißung
eines neuen Himmels und einer neuen Erde,
wo Gerechtigkeit und Frieden sich küssen.

Ich glaube an die Schönheit des Einfachen,
an die Liebe mit offenen Händen,
an den Frieden auf Erden.

Ökumenisches Glaubensbekenntnis von Seoul 1990

Wir wünschen dir
den Frieden der Meeresdünung,
den Frieden der sanften Brise,
den Frieden der schweigsamen Erde,
den Frieden einer klaren Sternennacht.
Wir wünschen dir
den Frieden Jesu Christi,
der unser Friede ist für alle Zeit.

*Nachruf in der Nürtinger Zeitung
vom 1. Februar 2002*

*Meine größte Waffe
ist schweigend zu beten.*

Mahatma Gandhi

Ich habe Sehnsucht

Ich habe Sehnsucht, Herr,
Sehnsucht nach Frieden,
Sehnsucht nach einer Welt,
in der die Menschen miteinander,
nicht gegeneinander leben.

Komm in diese friedlose Welt!
Heile uns von dem ständigen Ringen
nach eigenen Vorteilen!
Stärke uns in dem Bemühen,
die Sehnsüchte und Wünsche unserer Mitmenschen
zu sehen!

Bewahre die Welt im Großen vor Kriegen,
im Kleinen vor Zerstörung
und im Mitmenschlichen
vor Verletzung anderer Seelen!

Denn wir alle sind deine geliebten Kinder,
wir alle Berufene,
wir alle auserwählt,
Deinen Frieden in die Welt zu bringen.

Klaus Emmerich

Gläubige des Neubeginns

Eine Kirche gleich neben Bankentürmen und Börse – Liebfrauen in Frankfurt am Main. Sie reckt außer Konkurrenz ihren Kirchturmfinger gen Himmel. Sie hält geduldig für alles Leid und für alles Glück ihre Türen auf. Viele treten ein, verharren im Schweigen. Sie lassen ihren Blick durch den Raum schweifen. Sie gehen in den Klosterhof mit seinem Lichtermeer, dessen Kerzen sich nach Kriegshandlungen oder Terroranschlägen in wenigen Stunden vervielfachen. Wo sonst private Nöte ins Gebet genommen werden, schreit die kollektive Not zum Himmel.

Die Liebfrauenkirche erzählt ihre Geschichte nicht laut. Es waren Tage des Terrors von Kreuzzug und Herrschersucht, als sie im 13. Jahrhundert als Mahnmal für das Leben erbaut wurde. Man gab ihr den Namen „Unsere Liebe Frau", eine der vielen Bezeichnungen für die Mutter Jesu Christi. Sie galt als starke Partnerin auf dem Weg durch alles Leid, weil sie mit einem Freund Jesu unter dem Kreuz standhielt. Der Leidende gab sie vor seinem Tod dem Jünger zur Mutter. Der Gläubige stellt sich im Geiste zu diesem Jünger. Er erkennt im Herzen: Maria ist auch mir zur Mutter gegeben.

Diese Glaubenswelt ist nicht mehr jedem zugänglich. Das Motiv jedoch spricht bis heute an: einerseits das Leid, das Beziehungen zerstört, und andererseits die Kraft, die trotzdem neue Beziehungen wagt. Auch wenn ich als Christ jetzt von dem Erweis dieser Kraft in der Auferstehung Jesu reden müsste: Alle Menschen guten Willens ahnen, dass der Mensch nicht für die Vernichtung, nicht für den Terror, nicht für das Leid geschaffen ist. Aus allen Trümmern erhebt er sich neu. Unsere Liebfrauenkirche ist auch dafür ein Zeichen; sie steht im Herzen der Mainmetropole trotz vielfacher Brand- und Kriegsangriffe immer noch offen da.

Die Ahnung, dass der Neuanfang möglich ist, dafür steht die „Liebe Frau". Sie bringt Jesus zur Welt, den Friedensbringer, der den hoffnungslosen Fällen eine neue Zukunft gab. Die Erfahrung offener Gewalt von Menschen gegen Menschen macht uns einem solchen Heilsbringer gegenüber skeptisch: Jetzt noch offen bleiben, jetzt neu beginnen, jetzt sich nicht verschließen – da braucht es einen kollektiven Kraftakt der Herzen. Christen als „Gläubige des Neubeginns" sollten da ganz vorn mittun: Versöhnung, nicht Vergeltung ist gefragt. Besinnung auf die Basiswerte des Lebens wiegt schwerer als alle Geldwerte.

Bei allem Abscheu vor der offenkundigen Gewalt: Der Boden unter den Füßen schwankt gegenwärtig auch, weil das Wirtschaften allein in eigene Taschen nicht die Taschen aller füllt. Wer sich nur um das eigene Gleichgewicht sorgt, wird dennoch fallen, wenn alle ins Trudeln kommen. Jesus sieht mitten im Leid am Kreuz von sich ab auf Maria und Johannes und stiftet neue Beziehungen.

Die Liebfrauenkirche in der Finanzmetropole sagt daher auch: Ein Wirtschaften, das dem Wohl der gesamten Menschheitsfamilie dient, ist gefragt. Wer die Werte achtet und einbezieht, die in allen Kulturen zu finden sind, wer auf die Schwachen Rücksicht nimmt, der arbeitet daran mit, das Parkett wieder sicherer zu machen.

Vielleicht werden wir dadurch langsamer. Aber wir werden am Netz einer gemeinsamen Hoffnung weben: Aus den Trümmern gibt es eine Auferstehung, es gibt im Leiden ein Lernen und in der Angst die Kraft, die trotz aller Wunden die Öffnung wagt.

Bruder Paulus Terwitte

> Wenn andere Blut weinen,
> welches Recht
> habe dann ich,
> Tränen zu vergießen?
>
> *José Marti*

Es ist der Streit

Es ist der Streit um diese arme Erde
in frühen Tagen heftig schon entbrannt,
Zuerst die kainlich-kleinliche Beschwerde:
War es ein Streit um Anerkennung?
Um die Herde?
Ein Grund zum Meuchelmord von Bruderhand?

Und die in Babel damals in die Höhe strebten,
die sehnten sichtlich sich nach Sicherheit,
den Königsmantel ihrer Macht die webten,
die dort auf vieler Menschen Kosten lebten,
ihr Horizont – trotz Turm – war nicht sehr weit.

Zu schweigen ganz auch von des Königs Hause,
die Davidsstadt war nie ein Friedenshort,
sie trafen sich zu manchem harten Strauße,
auch damals galt: dem Frieden keine Pause,
so jagten Prinzen sich und Kön'ge fort.

Auch heute geht es wie in alten Sagen,
das sich der Friedensfreunde Stirnen falten,
es sind die alten Stätten und die alten Klagen,

die Menschen keine neuen Herzen tragen,
die alten müden aber fortgesetzt erkalten,
und wieder kommt's „vom Haar- zum Schädelspalten"
(Eugen Roth).

Drum bitten wir erneut – um Gottes Willen,
an Leid und Unglück niemand sich gewöhne!
Lasst euch des alten Jahres bittern Kummer stillen,
Herz und Gemüt mit neuer Hoffnung füllen,
dass Gottes guter Geist euch mit der Welt versöhne!

Reinhard Schmidt-Rost

Wir beten für …

Wir beten für den Frieden und werfen den ersten Stein.
Wir beten für Gerechtigkeit und suchen unseren Vorteil.
Wir beten für Gewaltlosigkeit und setzen uns eiskalt durch.
Wir beten für die Opfer und helfen ihnen nicht.
Wir beten für die Täter und verweigern Versöhnung.
Wir beten für uns und ändern uns nicht.

Marcus C. Leitschuh

Du Schöpfer

Du Schöpfer der Natur und des Menschen,
der Wahrheit und der Schönheit,
zu dir erhebe ich mein Gebet:
Höre meine Stimme,
denn es ist die Stimme der Opfer aller Kriege
und der Gewalt zwischen Einzelpersonen und Völkern!

Höre meine Stimme,
denn es ist die Stimme aller Kinder,
die leiden und immer dann leiden werden,
wenn die Völker ihre Hoffnung
auf Waffen und Kriege setzen!

Höre meine Stimme,
wenn ich Dich bitte,
in die Herzen aller menschlichen Wesen
einzugießen
die Weisheit des Friedens,
die Kraft der Gerechtigkeit,
die Freude der Freundschaft!

Höre meine Stimme,
denn ich spreche
für die Mehrheit in jedem Land
und in jeder Geschichtsperiode,
die keinen Krieg will und die bereit ist,
den Weg des Friedens zu gehen!

Höre meine Stimme
und gib uns die Fähigkeit und die Kraft,
antworten zu können:
auf Hass mit Liebe,
auf Ungerechtigkeit mit vollem Vertrauen
in Gerechtigkeit,
auf jede Not mit vollem Engagement,
auf den Krieg mit dem Frieden!

O Gott, höre meine Stimme
und gib der Welt für immer Deinen Frieden!

Papst Johannes Paul II., 1981 in Hiroshima

Frieden

zufrieden
zu zufrieden
unzufrieden
Unfrieden

Der Weg vom Frieden zum Unfrieden
ist eine kurze Distanz, die ich schnell überwinde.
Ein falsches Wort zur Unzeit kann friedliches Miteinander
umschlagen lassen in abgrundtiefen Hass.
Unfriede kann sich einschleichen
in zwischenmenschliche Beziehungen –
unbemerkt: ohne Aufsehen,
wenn die Aufmerksamkeit verloren geht,
wenn Vorurteile Einzug halten.

Der Weg zurück ist unendlich schwieriger und mühsamer.
Brücken neu zu bauen, ihre Tragfähigkeit zu testen,
ihre Belastbarkeit auszuloten – das braucht langen Atem.
Die Hand auszustrecken von mir zu dir, das erfordert Mut,
ist eine Herausforderung – aber es lohnt sich!

Nichts ist verloren mit dem Frieden,
aber alles mit Hass und Krieg.
Brücken zu bauen, ist eine lohnende Aufgabe
für ein ganzes Leben;
mich auszurichten auf das Du,
das mir vorher noch fremd war,
ist spannend – jeden Tag aufs Neue.
Und gibt meinem Leben Sinn.

Peter Jansen

Unsere tiefgreifendste Angst ist nicht ...

Unsere tiefgreifendste Angst ist nicht, dass wir ungenügend sind. Unsere tiefgreifendste Angst ist, über das Messbare hinaus kraftvoll zu sein. Es ist unser Licht, nicht unsere Dunkelheit, die uns am meisten Angst macht.

Wir fragen uns, wer bin ich, mich brillant, großartig, talentiert, phantastisch zu nennen? Aber wer bist du, dich nicht so zu nennen? Du bist ein Kind Gottes!

Sich selbst klein zu halten, dient nicht der Welt. Es ist nichts Erleuchtendes daran, sich so klein zu machen, dass andere um dich herum sich nicht unsicher fühlen.

Wir sind alle dazu bestimmt zu leuchten, wie Kinder es tun. Wir sind geboren worden, um den Glanz Gottes, der in uns ist, zu manifestieren. Er ist nicht nur in einigen von uns, er ist in jedem Einzelnen.

Und wenn wir unser eigenes Licht erscheinen lassen, geben wir unbewusst anderen Menschen die Erlaubnis, dasselbe zu tun. Wenn wir von unserer eigenen Angst befreit sind, befreit unsere Gegenwart automatisch andere.

Nelson Mandela,
Antrittsrede als südafrikanischer Präsident 1994

Friedenssehnsucht

Wenn Ihr Freundinnen und Freunde hättet
nicht nur in allen Teilen Deutschlands,
sondern auch in den Niederlanden,
in Argentinien,
in Brasilien,
in den USA,
in Frankreich,
in Österreich,
in der Schweiz
und in Italien von den Alpen bis zur Stiefelspitze,
dann könntet Ihr Euch auch vorstellen,
Freundschaften im Irak,
in Afghanistan,
in Tschetschenien
oder in Palästina zu schließen.

Wenn diese Menschen Euch genauso lieb wären
wie leibliche Geschwister,
wenn sie Euch über Ländergrenzen und Ozeane hinweg
Umarmungen schreiben
und Euch am Telefon sagen würden:
„Mein Haus ist auch dein Haus",
dann könntet Ihr verstehen,
dass man gegen andere Länder
keinen Krieg führen kann.

Wenn Euch am Heiligabend
ein Freund aus São Paulo anrufen würde
und wenn Ihr wüsstet,
dass am Tag Eurer Operation
ein Freund in New York für Euch betet,
dann würdet Ihr die Welt mit anderen Augen sehen.

Wenn Ihr Freundinnen und Freunde hättet,
dann könnte Eure Friedenssehnsucht
Berge versetzen.

Angela Zawilla

Warum soll ich vergeben?

Warum soll ich vergeben? Verzeiht mir jemand? Wenn ich einen Fehler mache, habe ich die Konsequenzen zu tragen, und keiner fragt, ob ich will oder nicht. Als ob sich auch nur ein Unternehmen Barmherzigkeit lange erlauben könnte.
Ich frage mich, wieso ausgerechnet Jesus Barmherzigkeit fordert (Mt 18,22). Er hat doch erlebt, wie unbarmherzig Menschen sein können, und hat erfahren, dass man letztlich auf der Strecke bleibt, wenn man zu weich und friedfertig in dieser harten, rauen und unbarmherzigen Welt ist.
Vielleicht ermahnt er uns gerade deshalb dazu, barmherzig zu sein. Einmal muss schließlich Schluss damit sein, nur von einer besseren Welt zu träumen. Menschen müssen endlich damit beginnen, auch etwas dafür zu tun – und das selbst auf die Gefahr hin, dabei möglicherweise den Kürzeren zu ziehen. Wenn es niemanden gibt, der den Mut hat, auf die Unbarmherzigkeit der Welt mit Vergebung zu antworten, dann wird sich nie etwas ändern, dann wird die Welt friedlos und hart bleiben. Einmal aber muss doch ein Anfang sein ...

Jörg Sieger

Lass Frieden auf der Welt herrschen

Lass die Menschen sich umarmen, damit sie sich freuen!
Schenk den Verfolgten ein Lächeln!
Gib dem Leben einen Sinn!
Schick Engel auf die Erde,
damit jeder an den Frieden glaubt!

Sarah Metz, 11

Vater unser

Vater unser im Himmel
und all derer, die du in Ost und West, in Nord und Süd
ins Leben gerufen hast.
Geheiligt werde dein Name
von uns, die du geladen hast, schon jetzt Gäste an deinem Tisch zu sein.
Dein Reich komme
herein in mein Leben, in unsere Gemeinschaften,
in Diakonie und Caritas, deine Kirche und Welt.
Dein Wille geschehe
wie im Himmel so auf Erden,
der du willst, dass allen Menschen,
den Selbstsicheren und den Suchenden,
den Armen und den Reichen,
den schuldig Gewordenen und den Gerechten geholfen
werde und sie zur Erkenntnis der Wahrheit kommen.
Unser tägliches Brot gib uns heute,
denn ohne deine schenkende Nähe verkümmert unser
Menschsein.
In dir aber wird uns Leben und volle Genüge zuteil.
Und vergib uns unsere Schuld,

wie auch wir vergeben unseren Schuldigern,
uns, die wir die Menschen einteilen in Klassen und Rassen,
in Liebenswerte und Unverbesserliche,
in solche, die dazu gehören und die draußen stehen.
Und führe uns nicht in Versuchung,
sondern erlöse uns von dem Bösen.
Gib uns den Geist der Kraft, wenn es gilt,
dem Bösen in uns zu widerstehen,
den Geist der Liebe, wenn sich der Richtgeist in uns regt,
den Geist der Besonnenheit, wenn wir in Gefahr sind
auszugrenzen, statt dir den Weg zu bereiten.
Denn dein ist das Reich und die Kraft
und die Herrlichkeit in Ewigkeit. Amen.

Schwester Erna Carle

Gewalt beseitigt keine Gewalt

Der Alltag hat uns wieder. Gelegentlich erinnern uns Berichte über das politische, wirtschaftliche und organisatorische Chaos in Afghanistan daran, dass mit dem 11. September 2001 die „westliche Zivilisation" aus einer selbst konstruierten Welt gerissen wurde. Was ist geblieben?
Wir mussten zur Kenntnis nehmen: Die Welt ist viel kleiner, als wir bisher dachten, das Wort Globalisierung hat eine neue Bedeutung bekommen, als die Türme des World Trade Centers ineinanderstürzten. Mit vielen tausend unschuldigen Menschen starb auch die Illusion, dass „immer alles so weiterginge" in unserer hoch technisierten, börsenorientierten, www-vernetzten, genmanipulierten, von Bilderfluten trunkenen Welt des 21. Jahrhunderts.
Für kurze Zeit setzte ein „Herzkammerflimmern" ein, nichts ging mehr, für einige Tage und Wochen. Erst läh-

mendes Entsetzen, dann Wut und Trauer. Und – es kam die Angst, die Angst vor einem Ausgeliefertsein gegenüber einem unsichtbaren Feind. Giftgas und Milzbrand, Sprengstoff in Schuhsohlen, Phantome auf Bildschirmen, ein Name steht für alles: Osama Bin Laden.
Bomben auf Afghanistan beseitigten ein ganzes Regime fanatischer Männer; das Phantom aber ist nicht getroffen, die Ursachen sind nicht gelöst. Deutsche Soldaten patrouillieren auf Kabuls Straßen. Frieden soll werden auf verminten Feldern.
Und wieder einmal – so scheint es – gelang es einer überlegenen Kraft „aufzuräumen". Man denkt inzwischen weiter, an ein „Großreinemachen" gegen alles Böse dieser Welt. Alles scheint machbar. Aber auch dieses Denken macht vielen Menschen Angst.
Für die meisten jedoch gilt: Der Schrecken eines Vormittages im September in New York ist Geschichte. Angehörige, Kollegen und Freunde der Opfer, unmittelbar Betroffene aber können in einer wieder „normal" gewordenen Welt wohl kaum damit fertig werden.
Das Gedächtnis des modernen Menschen und der Medien ist kurz. Unser Nachrichtenalltag ist inzwischen wieder geprägt von den übrigen Kriegsschauplätzen dieser Welt, von Börsenkursen und Wirtschaftsdaten, von Arbeitslosenzahlen und Wahlprognosen, von Korruptionsaffären und Bundesligaergebnissen, von Werbung und schleimigen Skandalgeschichten angeblicher „Stars".
Es scheint, wir hätten nichts dazu gelernt, nichts Wesentliches.
Ich hoffe, der Schein trügt. So manche Bilder machen mir auch Mut und erfreuen mich: wenn Frauen in Afghanistan sich allein auf die Straßen trauen und Mädchen wieder in die Schulen gehen, wenn aus den Ruinen eines Landes nach 20 Jahren Krieg Menschen wieder mit

dem Aufbau beginnen, wenn trotz Stammesfehden und manch unklarer Perspektive ein Zusammenleben zunehmend organisiert und sicher wird.

Und noch eines macht mir Mut: wenn in Assisi Vertreter vieler Religionen um des Friedens willen zum Gebet finden, an *einem* Ort zu *einer* Zeit.

Eines ist inzwischen ebenfalls ganz klar geworden: Mit Gewalt beseitigt man nicht die Ursachen von Gewalt und Hass. Ein „Auge um Auge und Zahn um Zahn" schafft nicht endendes Leiden und Sterben. Die „Intifada" in Israel und Palästina liefert den erschütternden Beweis.

Ich will und kann dennoch die Hoffnung nicht fahren lassen. Sie ist eine göttliche Tugend – und Grundsubstanz christlicher Lebenssicht, jene Hoffnung, die uns Menschen die Chancen zum Handeln eröffnet, zum Tun des Guten.

Wir Menschen haben keine andere Chance zum kollektiven Überleben als einander auszuhalten und zu ertragen, zu tolerieren und zu verstehen. So unterschiedlich wir sind in Kultur und Religion, so unverständlich uns auch manches aneinander bleiben wird, eines haben wir gemeinsam: unsere immer kleiner gewordene Welt, diesen blauen Planeten, den nach wie vor die meisten der sechs Milliarden Menschen als ein Geschenk einer guten und wunderbaren Macht betrachten und dankbar dafür sind.

Der 11. September könnte ein Mahn- und Gedenktag für die *eine* Welt werden, wenn er mehr bewirken würde als Kranzniederlegungen und pathetische Lieder.

Bischof Leo Nowak

Lasst ab von der Gewalt

Auf Knien flehe ich euch an, abzulassen vom Weg der Gewalt und auf den Weg des Friedens zurückzukehren. Gewalt verzögert nur den Tag der Gerechtigkeit. Gewalt zerstört den Einsatz für Gerechtigkeit. Folgt keinem Führer, der euch beibringt, den Tod in Kauf zu nehmen! Liebt das Leben, respektiert das Leben, das eigene und das der anderen. Widmet euch dem Einsatz für das Leben, nicht dem Werk des Todes! Gewalt ist der Feind der Gerechtigkeit. Nur Frieden kann den Weg zu wahrer Gerechtigkeit weisen.

Papst Johannes Paul II.

Wir Christen tragen keine Waffen
gegen irgendein Land;
wir werden keinen Krieg mehr führen.
Wir sind Kinder des Friedens geworden,
und Jesus ist unser Leiter.

Origines

Um Frieden beten

Um Frieden beten.
Lässt vielleicht keine Waffen ruhen.
Hebt vielleicht keinen Schießbefehl auf.

Um Frieden beten.
Stoppt vielleicht nicht den Truppenaufmarsch.
Mindert vielleicht nicht den Rüstungshaushalt.

Um Frieden beten.
Trocknet vielleicht keine Tränen der Opfer.
Rettet vielleicht keine Verwundeten.

Um Frieden beten.
Bringt vielleicht keine verlorene Heimat zurück.
Wandelt vielleicht Hass nicht in Versöhnung.

Es ist vielleicht das Einzige,
was ich tun kann:
Um Frieden beten.

Marcus C. Leitschuh

Unser Alltag ist weniger gewaltsam …

wenn du dich selbst liebst
wenn du gute Freunde hast
wenn die Klasse auch einen ihr unsympathischen Lehrer
nicht zur Schnecke macht
wenn Dicke einfach dick sein dürfen
wenn ich ein Recht auf Arbeit habe
wenn ich nicht um jeden Preis arbeiten muss
wenn Schule nicht immer nur Leistung misst
wenn du öfter mal deine Meinung sagst
wenn du als Junge zugeben könntest,
dass du auch Angst hast
wenn du dich als Mädchen frühzeitig wehren würdest
wenn du nicht jede Provokation
mit einem Gegenschlag beantworten würdest
wenn mehr Menschen den Mut zum Widerspruch hätten.

Gewalt wird weniger …
wenn du selbst kräftiger wirst

wenn du etwas mehr verwirklichst, was du willst
wenn du nicht immer hinter der Mehrheit herläufst
wenn du deine Kraft einsetzt, damit weniger Gewalt ist
wenn mehr hingehört und weniger hingelangt wird
wenn mehr hingesehen als hingerichtet wird.

Gewalt ist Ausdruck von Schwäche!
Kraftvoll gegen Gewalt arbeiten – das ist Stärke!

Autor unbekannt

Von nun an Frieden

Gib, Herr, unser Gott, dass wir uns in Frieden niederlegen, und lass uns, unser König, zu neuem Leben wieder erwachen!

Breite über uns aus das Zelt deines Friedens, richte uns auf durch deinen guten Ratschluss und hilf uns um deines Namens willen!

Schütze uns und halte fern von uns Feind, Seuche, Schwert, Hunger und Gram! Lass den Versucher von uns weichen, vor uns und hinter uns!

Birg uns im Schatten deiner Fittiche, denn du, Gott, bist unser Behüter und Retter, ein gnädiger und erbarmungsvoller Gott und König!

So behüte unser Gehen und Kommen zum Leben und zum Frieden von nun an bis in Ewigkeit!

Gelobt seist du, Herr, der sein Volk immerdar behütet!

Jüdisches Gebet

*Kein Segen
ist vollkommen
ohne das Wort Friede.*

Midrasch, Bamidbar Raba

Lade Jesus ein

Schließ deine Tür hinter dir zu und lade Jesus, deinen Geliebten, zu dir! Bleib bei ihm in der Zelle; denn draußen wirst du nirgends so viel Frieden finden! Wärest du nicht hinausgegangen, hättest du dir die Gerüchte nicht angehört, dein Herz wäre nicht so geschwind um seine Ruhe gekommen. Seitdem du jeden Tag Neues und wieder Neues hören willst, schleicht sich fast immer mit den Neuigkeiten neuer Unfrieden in dein Herz.

Thomas von Kempen

Selig die Friedensstifterinnen

„Selig, die Frieden stiften, denn sie werden Töchter und Söhne Gottes genannt werden" (Mt 5,9).

In allen vier Evangelien lesen wir, dass es zuerst Frauen sind, die erfahren, dass der Tod Jesu nicht das Ende bedeutet, nicht die Zerstörung aller Hoffnungen, sondern dass Jesus lebt – auch jenseits des irdischen Todes. Sie weichen nicht aus, sondern gehen zum Grab, schauen dem Tod ins Angesicht und finden das Leben. Unerschrocken tragen sie diese Erfahrung weiter. Sie gehen zu denen, deren Herz nach den schrecklichen Erlebnissen in Jerusalem nicht nur freudlos, sondern auch friedlos ist – voll bitterer Enttäuschung und lähmender Angst.
So gilt ihnen zuallererst die Zusage Jesu: „Selig, die Frieden stiften, denn sie werden Töchter Gottes genannt werden."

Und heute?

Selig die Frauen, die mit kranken Menschen deren Einsamkeit teilen und ihren wunden und fragenden Herzen Trost schenken: Sie stiften Frieden.

Selig die Töchter, die ihren Eltern Lasten des Alterns abnehmen und auf eigenen Schultern tragen: Sie stiften Frieden.

Selig die Frauen, die auch nach Demütigung und Erniedrigung durch den eigenen Mann den gemeinsamen Kindern bergenden Raum und liebevolle Nähe schenken: Sie stiften Frieden.

Selig die Mütter, die auch dann noch den Kindern Herz und Haus offen halten, wenn diese eigenwillige und sie gefährdende Wege einschlagen: Sie stiften Frieden.

Selig die Frauen, die täglich neu Kollegen und Kolleginnen in deren Eigenheit respektieren und sich deren Entfaltung nicht in den Weg stellen: Sie stiften Frieden.

Selig die Mütter, die ihr Kind annehmen, auch wenn der Vater oder andere Menschen im nahen Lebensumfeld sie im Stich lassen: Sie stiften Frieden.

Selig die Frauen, die auch in Enttäuschungen und Zurückweisungen geduldig dem Ehemann oder Partner neue Schritte oder Sichtweisen ermöglichen: Sie stiften Frieden.

Selig die Frauen, die offen und mutig Unrecht beim Namen nennen und ohne Angst Konflikte aufgreifen, weil sie diese als Chance des Wachstums sehen: Sie stiften Frieden.

Selig die Frauen, die mit Ausdauer und Mut leblose Organisationen aufwecken, Menschen Orientierung geben und Visionen wach halten: Sie stiften Frieden.

Selig die Frauen, die an der Seite von Menschen auftauchen, die an den Rand getrieben oder ihrer Entwicklungsmöglichkeiten beraubt wurden: Sie stiften Frieden.

Selig die Frauen, die immer neu mit Rat und wärmender Nähe die begleiten, deren Hoffnungen zerbrochen sind: Sie stiften Frieden.

Selig die Frauen, die mit ausländischen Kindern und deren Müttern Schritte der Integration gehen: Sie stiften Frieden.

Magdalena Bogner

Warum habt ihr Angst?
Eine Meditation zu Matthäus 8,23–27

ER steigt in ein Boot, verlässt den festen Boden unter den Füßen, begibt sich in Gefahr. ER vertraut sich einem Gefährt an. Das Boot trägt IHN über das Wasser und schaukelt hin über die (Un-)Tiefen. Mit IHM sitzen sie in einem Boot, auf engstem Raum. Das Gleichgewicht halten. Auf Gedeih und Verderb ist aufeinander angewiesen, wer in einem Boot mit anderen unterwegs ist. Sie lassen sich treiben, sie verharren auf der Stille des Wassers, im gleißenden Sonnenlicht.

Aus heiterem Himmel ein Sturm. Die Wellen peitschen hoch. Die Angst schlägt hoch. Die Schlagadern pochen. Das Wasser braust wütend. Die Gischt schäumt. Das

Herz stockt. Auf den Kamm der Wellen werden sie hochgerissen und ins Wellental hinabgestürzt. Jede herankommende Welle – ein neuer Schub Angst. Jetzt ist es aus. Jeden Moment kentern können. Kein Rettungsring ist da; selbst wenn einer da wäre, brächte er keine Rettung – viel zu weit ist das Ufer, viel zu gering die Kraft, viel zu unbarmherzig schlägt das aufgeregte Wasser zu. Aus heiterem Himmel ein Sturm, unbändige Kraft, nicht zu bändigende Kraft, der der Mensch nicht gewachsen ist – am Leib nicht und mit seiner Seele nicht.

Lebensangst. Todesangst. Urangst. Plötzlich ganz ausgeliefert sein. Ein letzter Gedanke: „Das Leben war doch schön." Ein Entrinnen gibt es nicht. Noch einen Moment leben, es könnte der letzte gewesen sein. Während alle anderen vor Angst schier vergehen, schläft einer. ER schläft ungerührt und unberührt von der Gefahr. Die Verängstigten wecken ihn. Kyrie! Herr, hilf! Wir kommen um! Gleich ist alles aus! Schreite du ein!

Wir haben keine Aussicht auf Rettung. Wir sind mit unseren Kräften am Ende. Unsere Sicherheitssysteme haben versagt. Auf eine so plötzliche Bedrohung sind wir weder eingerichtet noch vorbereitet. Wie gesagt: aus heiterem Himmel ein bedrohlicher Sturm. Die Tiefen des Wassers werden uns verschlingen.

Wüstensturm. Bombenteppiche.
Weihnachtsbäume über dem Himmel Dresdens.
Selbstmordattentate. Terroranschläge.
Panzerattacken. Stalinorgeln.
Überschwemmungen. Dürrekatastrophen. Epidemien.
Ölpest. Giftanschlag. Anthrax.
Tornado.

Gettysburg. Tschernobyl. Temelin.
Eschede. Estonia.
San Salvador.
Ein Anschlag aus heiterem Himmel. Ein weltweites Netzwerk des Terrors.
Ungreifbar.
Ein Aus-Versehen-Atomkrieg.
Grosny. Beirut. Kandahar. Jerusalem. Ramallah. Dschenin.
New York. Washington. Mazar-i-Sharif.
Unstillbarer Sturm der Angst.
Untiefen. Unrettbar ausgeliefert.

Dann nimmt ER den äußeren Grund der Angst weg. Der Sturm muss sich ergeben. Die Urgewalt der Natur muss gehorchen. Brausender Sturm und aufgewühltes Meer, der aufgesperrte Rachen des Todes: zugeklappt. Wie das Unglück kam, so geht es. Dem höllischen Aufruhr folgt Stille. Ruhe. Ganz still. Alles. Tröstliche Ruhe nach dem Sturm.

Mit IHM im Boot sein heißt: durch die Gefahren hindurchkommen. Die Regentin Angst ist zuerst zu besiegen, sodann legt sich auch der Sturm. Der Sturm wird gestillt, bis Stille ist.

Aber warum fragt ER: „Warum seid ihr so furchtsam, ihr Kleingläubigen?" Ist ER ahnungslos, gefühllos, gefahrenblind? Alles nur Kleinglaube? Die reale Gefahr nur Einbildung der Angst, mangelndes Vertrauen? Die Angst ist es, die erstarren lässt vor der Gefahr und dazu bringt, vor der Gefahr zu kapitulieren, bevor das Befürchtete eingetreten ist. Und so wird es eintreten. Seine Frage ist: Warum hat euch die Angst gepackt? Erhaltet mitten im Sturm Vertrauen! Ihr werdet hindurchkommen. Und was auch geschieht: Ihr werdet nicht verloren sein. Behaltet in

der Gefahr Vertrauen, was auch passiert – euch kann nichts passieren.
Das ist es. Da legt sich die Angst. Da legt sich der Sturm, und da fragen sie: „Wer ist das, dass sich die Mächte, die uns Angst machen, schlafen legen?"

Mit IHM im Boot sein – wir mit IHM und ER mit uns – heißt: der Furcht begegnen, indem wir dem Fürchterlichen widerstehen und uns ihm nicht – angstgelähmt – aussetzen. Und darauf vertrauen, dass ER die Macht hat, das Fürchterliche abzuwenden.

Im Sturm Vertrauen behalten – sicher ist es keineswegs, dass wir nicht in die Tiefen gerissen werden –, dennoch gewiss bleiben, dass ER unter uns ist und die Gefahr wenden kann.

Friedrich Schorlemmer

Weltbürger

Weil wir als Christen Weltbürger sein wollen, haben wir einen Wunsch für alle Menschen. Wir wenden uns an die Regierungen der Völker, an die Bewohner der Städte, an die Menschen der Regionen und sprechen es aus, vor Gott, unserem Herrn:
Wir wollen Gott die Ehre geben und keine Kriege mehr führen und alle Menschen teilhaben lassen an einer gesunden Entwicklung.
Wir wenden keine Gewalt mehr an gegen Menschen und Sachen.
Wir kämpfen nicht mehr gegeneinander, sondern setzen uns füreinander ein.

Wir stehen auf für Frieden und Freundschaft, überall, wo wir leben und wohin uns das Leben führt.
Wir zerstören nicht mehr unsere Erde aus Leichtsinn oder Eigennutz, sondern sind dankbar, dass Gott uns seine Schöpfung anvertraut hat.
Helfen, heilen und teilen soll uns in Fleisch und Blut übergehen, unsere Freude am Leben, am Frieden und an der Liebe soll ansteckend sein.
Dann wird durch uns und mit uns eine neue Zeit anbrechen, Menschen besinnen sich, fassen Mut, Hoffnung und Zuversicht.
Alle Länder der Erde, alle Leitungen der Religionen, alle Regierungen der Völker, die Menschen aller Landschaften, verwirklichen die Liebe und den Frieden Gottes:
Wenn wir Christen endlich Weltbürger sind, verantwortlich mit den Menschen und unserer Erde umgehen und das Reich Gottes wächst und reift.

Roland Breitenbach

Evangelium

Möge Frieden rauschen
wie der Herbststurm
den Baum von Abgestorbenem entblätternd –
nicht mehr lebensnotwendig.
Wurzeln senken sich
tief in den Grund dessen,
der die Erde sprach.

Wurzeln will ich,
um Blätter zu treiben,
die aufs Neue dem Herbststurm verfallen.

Jedes Jahr – neu und alt.
Und mögest du
auf jedem Blatt geschrieben haben
Frieden ...

Spreize meine Äste
Unaussprechlicher.
Spreize sie.
Und berausche mich neu!

Roger Otten

Sei gnädig, Herr

Ich sagte zu dem Engel, der an der Pforte des Jahres stand: „Gib mir ein Licht, damit ich sicheren Fußes der Ungewissheit entgegengehen kann!"
Aber er antwortete mir: „Gehe nur in die Dunkelheit und lege deine Hand in die Hand Gottes! Das ist besser als ein Licht und sicherer als ein bekannter Weg."

Wort eines chinesischen Christen

> Das Dunkel lässt sich nicht
> durch Waffen erleuchten.
> Das Dunkel entfernt sich nur,
> indem man Licht macht.
>
> *Papst Johannes Paul II.*

Gebet für den Frieden

Barmherziger Gott, wir beklagen vor dir diesen schrecklichen Krieg. Wir bringen vor dich die Menschen, die Gewalt erleiden. Wir bringen vor dich das unsägliche Leid der Menschen, die aus dem Kosovo vertrieben werden, ausgesetzt der Willkür, dem Hunger und der Kälte, entwurzelt und mit ungewisser Zukunft. Sieh du herab auf deine Geschöpfe und mache der Gewalt ein Ende!
Barmherziger Gott, wir bringen vor dich die Opfer der Bombardierungen, die Zerstörung, die sie anrichten, den Hass, den sie vertiefen. Sieh du herab auf deine Geschöpfe und mache der Gewalt ein Ende!
Barmherziger Gott, wir bringen vor dich auch die Täter. Wir beten für alle, die irregeführt werden durch Lügen und falsche Propheten und sich hinreißen lassen zur Gewalt. Hilf ihnen zur Umkehr! Sieh du herab auf deine Geschöpfe und mache der Gewalt ein Ende!
Barmherziger Gott, wir beklagen, dass die Völkergemeinschaft in dieser Situation keine anderen Mittel zur Verfügung hat als militärische Gewalt. Hilf uns, unermüdlich zu arbeiten an Instrumenten der gewaltfreien Konfliktlösung. Sieh du herab auf deine Geschöpfe und mache der Gewalt ein Ende!
Barmherziger Gott, wir bitten dich für uns selber, dass wir nicht empfänglich werden für Hass und Vorurteile, sondern überall den Frieden fördern. Mach uns bereit, Not zu lindern und Flüchtlinge aufzunehmen! Sieh du herab auf deine Geschöpfe und mache der Gewalt ein Ende!

Nach einem Friedensgebet des Ökumenischen Rates,
Berlin-Brandenburg

Alles Frieden

In unterschiedlichen Sprachen,
jeder auf seine Art,
mit seinen Gedanken
und Erfahrungen
beten wir zu dir
um Frieden.

Peace – Die englische Rentnerin,
die bei den Fernsehbildern aus dem Irak
an ihre eigenen Kriegswunden denkt.
Pyonghwa – Der nordkoreanische Arzt,
dessen Familie seit Jahrzehnten getrennt ist.
Shalom – Das jüdische Mädchen,
das beim Discobesuch
Angst vor Selbstmordanschlägen hat.
Salaam – Der arabische Großvater,
der sich an friedliche Zeiten
schon gar nicht mehr erinnern kann.
Frieden – Die deutsche Schülerin,
die mittwochs zum Friedensgebet geht.
Pace – Der italienische Bäcker,
der fassungslos
eine bunte Fahne ins Schaufenster hängt.

Marcus C. Leitschuh

Gebet um Frieden

Erbarme dich aller Opfer und aller Täter.
Beende die Spirale der Gewalt,
der Feindbilder, des Hasses, der Vergeltung.

Schenke allen,
besonders den Verantwortlichen in der Politik,
die Einsicht,
dass der Weg zum dauerhaften Frieden nicht der Krieg,
sondern der Einsatz für Frieden in Gerechtigkeit ist.

Erwecke in allen abrahamitischen Religionen
viele Werkzeuge des Friedens,
Botinnen und Boten einer anderen Welt.

Pater Hermann Schalück OFM

„Biete Verzeihung an – erhalte den Frieden"

Der polnische Satiriker Jerzy Lee hat das Wort geprägt: „Was rennst du dauernd mit dem Kopf gegen die Wand? Was willst du denn in der Nachbarzelle?" Dem Wort liegt eine Erfahrung zugrunde, die wohl jeder schon einmal machen musste. Der Versuch, aus einer Situation auszubrechen in der Hoffnung, sich von alten Einengungen und Zwängen zu befreien, führt nur wieder in neue hinein. Manchmal kommt es sogar noch schlimmer, was die Volksweisheit in das Wort fasst: „Vom Regen in die Traufe kommen" …

Eine über ein Menschenleben hin verhärtete Feindschaft beispielsweise ist nicht mit ein paar freundlichen Mahnungen zu beseitigen. Da mag es so zugehen wie beim Sterben des alten Bauern, der auf die fromme Mahnung des Pfarrers hin vor dem letzten Gang vor den Herrgott noch seinem alten Erbfeind im Dorf vergeben soll. Er willigt auf das Drängen des Seelsorgers hin auch ein, beichtet andächtig, empfängt die Lossprechung und die

Sterbesakramente – und richtet sich danach noch einmal mit letzter Kraft auf und sagt vornehmlich: „Aber Herr Pfarrer, wann ich wieder gesund werd, da gilt dös nit!" So tief und fest verwurzelt sitzt im Menschenherzen die Unversöhnlichkeit!

Jede Generation, die einen Krieg erlebt hat, schwört danach: „Das soll nie wieder geschehen!" Ich habe noch die Worte nach dem letzten Krieg im Ohr: „Nie wieder soll eine Mutter ihren Sohn beweinen müssen!" Scheinbar sind die grauenvollen Erfahrungen eines Krieges nicht so eindrücklich der nächsten Generation zu vermitteln, dass daraus ein politischer Wille zum Frieden erwachsen kann.

Dankbar dürfen wir Deutschen sagen, dass die letzten Jahrzehnte für uns Friedensjahre waren. Das war und ist nicht selbstverständlich. Es braucht friedensfähige Menschen, aber eben auch gesellschaftliche Bedingungen, die Völkerhass und Kriegshetze keinen Nährboden geben. Die Bemühungen um den Frieden zwischen den Völkern und auch die Bemühungen um Versöhnung und Ausgleich innerhalb einer Gesellschaft sind wahrlich jeder Anstrengung wert. Dieser Einsatz lohnt sich auch, wenngleich auch manchmal ein wirklicher Friede auf Dauer nicht oder nur schwer zu erreichen ist. Die Menschheit sollte so ernsthaft und ausdauernd, wie sie die Geheimnisse der Natur erforscht, auch die notwendigen Rahmenbedingungen eines gelingenden menschlichen Zusammenlebens erforschen und gesellschaftlichen Frieden schaffen.

Zur Friedensfähigkeit mussten viele Dinge zusammenkommen. Christliche Politiker haben andere Aufgaben im Prozess der Friedenserziehung als christliche Mütter. Aber alle müssen wissen, dass der Friede immer bei Einzelnen seinen Ursprung haben muss. Meist sind auch im politischen Raum Friedensprozesse mit Namen und Gesichtern verbunden. Einer hat den ersten Schritt zur Versöhnung gewagt – und damit den Bann des Hasses gebrochen. So kann etwas Neues beginnen.

Der Friede braucht Bereitschaft zum Verzeihen.
Kinder, die zum Vergeben fremder Schuld angeleitet werden, müssen Selbstbewusstsein entwickeln. Sie brauchen sicher gute „Rahmenbedingungen", damit sich erste Erfahrungen, die sie mit dem Verzeihen machen, nicht ins Negative verkehren. Wer einem anderem Schuld vergibt, entblößt sich selbst, macht sich verwundbar, handelt sich die Möglichkeit ein, ausgenutzt oder gar ob seiner Gutwilligkeit ausgelacht zu werden. Davor müssen Kinder am Anfang eines Erziehungsweges, der sie friedensfähig machen will, bewahrt werden, so gut es eben geht. Erst der reife Mensch entwickelt die Kraft, auch mit frustrierenden Erfahrungen fertig zu werden, die dann entstehen, wenn eine ausgestreckte Hand ausgeschlagen, wenn vorhandene Bereitschaft zur Versöhnung missachtet oder verhöhnt wird.
Souveräne Friedensfähigkeit kann einem Menschen aus dem Wissen erwachsen, dass er von anderen Menschen gehalten wird; beim Kind können das die Eltern sein, beim Jugendlichen der Freund, die Freundin, die Gruppe der Gleichgesinnten. Auch erwachsene Menschen brauchen den Raum des Getragenwerdens, wenn sie sich mit ihrem Versöhnungswillen exportieren. Für gläubige Christen ist dieser „Rahmen" eigener Versöhnungsfähigkeit über alle menschlichen Hilfestellungen hinaus die Geborgenheit im Erbarmen Gottes.

Verzeihen können setzt voraus, Verzeihung erfahren zu haben.

Der christliche Glaube ist keine politische Friedenstheorie. Wir wissen, dass sogar im Namen des Glaubens Kriege geführt wurden und manchmal noch werden. Das ist ein schlimmer Missbrauch des Religiösen. Aber der Missbrauch einer guten Sache ist noch lange kein Argument dagegen, diese ins rechte Licht zu rücken.
Christliche Friedensfähigkeit lebt vom Wissen, selbst in einer Weise getragen zu werden, die jeder Frustration durch Niedertracht und Bosheit standhalten kann. Die Christlichkeit christlicher Politiker beispielsweise bei ihren Bemühungen um Frieden zeigt sich nicht zuerst in den klugen Ideen oder ihren sanften Worten – sie zeigt sich in ihrer größeren Frustrationstoleranz. Christen haben beim Werk des Friedens einen längeren Atem; möglicherweise sogar die Kraft, „Vorauszahlungen" für den Frieden zu leisten, ohne eine Garantie dafür zu haben, dass ihr Einsatz auch zum Erfolg führt.

Natürlich: Vor jeder Versöhnung muss die Wahrheit stehen, das Erkennen von Schuld, das Aussprechen auch bitterer Erkenntnisse, die man nicht wahrhaben will. Verzeihung ohne Aufarbeitung von Schuld ist töricht, ja sogar schädlich. Aber der Weg, der zum Verzeihen und dann zur Versöhnung führt, fängt immer mit einem ersten Schritt an, mit einem Signal, mit dem Vorzeigen eines kleinen Ölzweiges.

Wer ist dazu fähig? Zum ersten Schritt auf dem Versöhnungsweg gehört Mut. Es gehört dazu Souveränität. Es gehört dazu die feste Überzeugung, dass ich nicht in ein absolutes Loch falle, wenn ich meine gewohnten Sicherungen aufgebe. Am Rand des Schwimmbeckens, am Haltegriff festgeklammert, lernt der Anfänger nie schwimmen, mag der Schwimmlehrer noch so überzeugend reden und die Schwimmbewegungen vormachen. Man muss ins „Tiefe". Nur so erfährt man, dass Wasser trägt – und dass Schwimmen Freude macht. Ob das so ähnlich mit der Fähigkeit zum Verzeihen geht?

Bischof Joachim Wanke

Tagesgebet

Herr, du bist der Gott des Friedens,
du bist der Friede selbst;
ein streitsüchtiges Herz versteht dich nicht,
ein gewalttätiger Sinn kann dich nicht fassen.
Gib, dass alle, die in Eintracht leben,
im Frieden verharren,
und alle, die entzweit sind,
sich wieder versöhnen!
Darum bitten wir durch Jesus Christus.

Klemens Richter

> Um Frieden zu haben,
> muss man ihn wollen,
> man darf nicht ständig daran zweifeln.
>
> *Aristide Briand, Friedensnobelpreis 1926*

Warum?

Lieber Gott, wir wollen, dass es keinen Krieg mehr auf der Erde gibt. Wir haben Angst, dass es wieder zu Terroranschlägen kommen wird. Wir haben so viele Fragen an dich.
Wir möchten gerne wissen,
warum es überhaupt Krieg gibt.
Warum kannst du uns Menschen nicht helfen,
dass wir keine Kriege mehr auf der Erde führen?
Warum gibt es Terroristen?
Warum verhinderst du auch nicht einfach den Krieg?
Wieso gibst du auch nicht jedem
genug zu essen und zu trinken?
Warum sterben so oft Menschen?
Warum hast du böse Menschen auf die Welt gelassen?
Warum geht es manchen Menschen so schlecht?
Wozu braucht der Mensch Krieg?
Warum braucht der Mensch Waffen?
Warum kannst du Terroristen und Diebe nicht bekehren?

Wir verstehen das nicht. Aber vielleicht kannst du uns auch keine Antwort geben. Vielleicht müssen wir die hier bei uns suchen und finden und nicht im Himmel.
Denn wir Menschen führen Kriege. Wir sind böse.
Mach, dass es noch genug gute Menschen gibt! Und Menschen, die uns Antworten auf unsere Fragen geben können!

Mike Stellmach, 10
Dennis Aßhauer, 12
Kevin Lo Vecchio, 10
Patrick Berendt, 11

Ich malte Frieden

Ich hatte eine Schachtel mit bunter Kreide,
glänzend, schön und neu.
Ich hatte eine Schachtel mit bunter Kreide,
auch warme und kalte Farben waren dabei.

Ich hatte kein Rot für die Wunden,
kein Schwarz für weinende Kinder,
kein Weiß für die Toten,
kein Gelb für den heißen Sand.

Ich hatte Orange für die Lebensfreude,
Grün für Knospen und Ströme.
Ich hatte Blau für den leuchtenden Himmel
und Rosa für friedliche Träume.

Ich setzte mich hin und malte
FRIEDEN.

Gedicht einer israelischen Pfadfinderin aus Beer Sheva, 13

Schutz

Herr Gott, himmlischer Vater, der du heiligen Mut, guten Rat und rechte Werke schaffst, gib deinen Dienern Friede, welchen die Welt nicht kann geben, auf dass unsere Herzen an deinen Geboten hängen und wir unsere Zeit, durch deinen Schutz, stille und sicher vor Feinden leben, durch Jesu Christ, deinen Sohn, unsern Herrn.

Martin Luther

Erlange inneren Frieden, und viele um dich herum werden Heil erfahren.

Heiliger Seraphim

Das Hohelied des Friedens

Wenn ich in den Sprachen des Himmels
und mit den Floskeln der Erde redete,
habe aber den Frieden nicht in mir,
so bin ich wie eine Friedensglocke ohne Klöppel
und wie eine Friedenstaube ohne Ölzweig und Flügel.
Und wenn ich vor dem Weltsicherheitsrat reden könnte
und alle Konfliktlösungsstrategien wüsste
und alle Erkenntnisse der Friedensforschung hätte;
wenn ich alle Überzeugungskraft besäße
und Friedensgebete leiten
und Friedensdemonstrationen damit lenken könnte,
hätte aber den Frieden nicht in mir,
so wäre ich doch nichts.
Und wenn ich ein Monatsgehalt
für „Pax Christi" spenden würde
und die mir zugesandte Spendenquittung
dem Feuer übergäbe,
habe aber den Frieden nicht in mir,
so nützte es mir nichts.

Denn bisweilen bin ich ungeduldig und herzlos.
Ich ereifere mich, prahle, blähe mich auf.
Ich handle ungehörig, suche meinen Vorteil,
lasse mich zum Zorn reizen und trage das Böse nach.
Und freue mich auch schon mal über das Unrecht
und nehme es mit der Wahrheit nicht so genau.
Und andere ertragen das alles und glauben und hoffen
und halten dem Unfrieden stand. – Doch hört er jemals auf?

Politisches Reden hat ein Ende,
das alltäglich dahingesagte freundliche Wort verstummt,
alle Erkenntnis der Forschung vergeht.

Denn Stückwerk sind unsere Gedanken, Worte und Werke.
Spätestens aber dann, wenn die Atombombe kommt,
vergeht alles Stückwerk.

Als ich ein Kind war, staunte ich über den Gloria-Engel
in der geschnitzten Krippe
und redete wie er: „Und Friede den Menschen";
und dachte und urteilte, dass diese Botschaft einfach
großartig und doch so einfach war.
Als ich ein Mann wurde, legte ich ab, was Kind an mir
war, vor allem den unkomplizierten Blick für die einfache Umsetzung des Wesentlichen.

Jetzt schaue ich in einen Spiegel und sehe nur rätselhafte
Umrisse, dann aber schaue ich von Angesicht zu Angesicht.
Jetzt will ich nur unvollkommen erkennen – um meinen
Frieden zu haben; dann aber werde ich durch und durch
erkennen und bitterlich weinen, weil ich doch trotz aller
Fassade durch und durch erkannt worden bin.

Und jetzt, was bleibt mir?
Nur der Glaube an die Gerechtigkeit am Ende der Zeiten?
Nur die Hoffnung, dass Gottes Zorn doch einmal herniederfährt?
Nur der „liebe Frieden", um dessentwillen ich unehrliche
Kompromisse preise?
Nein, nicht diese drei. Denn am größten ist immer noch,
nicht nur auf Frieden zu sinnen, sondern bei sich zu
beginnen!

Carsten-Armin Jakimowicz

Ich will glauben

Ich werde nicht glauben ans Haben und Behalten, an Unfrieden und Krieg, an geballte Fäuste. Ich will glauben ans Schenken und Empfangen, ans offene Reden und Verzeihen, an geöffnete Hände.
Ich will nicht glauben, dass Menschen besser sind, weil sie mehr verdienen, schöner wohnen, geschickter reden und klüger sind. Ich will glauben, dass Menschen besser sind, weil sie sich kümmern um ihre Mitmenschen und Liebe verschenken.
Ich werde nicht glauben an Mauern und Grenzen. Ich will glauben an freie Völker, offene Häuser und gastfreundliche Menschen.
Ich werde nicht glauben an ein unglückliches Ende, wo alles verschmutzt und verbraucht ist. Ich will glauben an einen neuen Anfang, wo alles geheilt und gerecht verteilt ist.
Ich werde nicht glauben an einen Geist, der uns voneinander trennt. Ich will glauben an den Geist Gottes, den Geist Jesu, der uns Menschen zusammenführt, bis alles vollendet ist.

Martina Ludwig

Krieg beginnt im Denken der Menschen. Daher muss der menschliche Verstand auch fähig sein, Krieg zu beenden.

Präambel der UNESCO

Friedenslitanei

Gott, du Schöpfer des Universums und Stifter des Friedensbundes mit Noach und deiner ganzen Schöpfung! – Stärke uns, Gott!
Gott, du Heiland der Welt, unser Weg des Friedens! –
Gott, Kraft des Friedens in uns, du heiligst und leitest unser Gewissen! –

Maria, arme Magd aus Nazaret, die du die „Königin des Friedens" genannt wirst! – Bitte für uns!
Michael und all ihr himmlischen Mächte im Kampf gegen unsere Selbst-Zerstörung. – Bittet für uns!
Abraham, du Stammvater im Vertrauen auf den einen Gott für Menschen jüdischen, christlichen und muslimischen Glaubens. –
Moses und Miriam, ihr Befreier aus der Knechtschaft, die ihr den Bund der Gerechtigkeit besungen habt. –
Jesaja, du Kritiker des Militarismus und Künder einer bewegenden Friedenshoffnung. –
Esther, du bist für die Machtlosen deines Volkes eingetreten. –
Amos, Micha, Hosea, ihr prophetischen Stimmen der Unterdrückten. –
Maria von Magdala, du gläubige Zeugin der Hinrichtung Jesu und erste Zeugin seiner Auferweckung. –
Peter und Paul, ihr Gefangenen aus Gewissensgründen und wegen eures Glaubens Getöteten. –
Markus, Matthäus, Lukas und Johannes, ihr Evangelisten der Friedensbotschaft Jesu von Gottes Reich. –
Felicitas und Perpetua, ihr Mütter und Märtyrerinnen, gemordet für die Ideologie eines militärischen Imperiums. –
Laurentius, du Zeuge einer diakonischen Kirche der Armen. –

Martin von Tours, dem Kriegsgott Mars geweiht, du hast nach deiner Bekehrung den Kriegsdienst verweigert. –
Hildegard von Bingen, du heilkundige Mystikerin und Liebhaberin der schöpferischen Kraft des göttlichen Geistes. –
Albertus Magnus, du Erforscher und Bewunderer der Pflanzen- und Tierwelt. –
Franziskus, du hast ohne Besitz und ohne Waffen gelebt als Bruder aller Menschen und aller Kreaturen. –
Klara von Assisi, du hast Armeen aus der Kraft der Eucharistie befriedet. –
Katharina von Siena, du Mystikerin und kluge Diplomatin. –
Elisabeth von Thüringen, du Vorbild einer solidarischen Liebe zu den Armen und Unterdrückten. –
Nikolaus von der Flüe, du Ehemann und Einsiedler, Berater und Friedensstifter der Schweizer Eidgenossen. –
Leonhard Ragaz, der du außerhalb der bürgerlichen Kreise die Botschaft vom Reich Gottes und seiner Gerechtigkeit auf Erden künden wolltest. –
Ihr Päpste Benedikt XV., Pius XII., Johannes XXIII. und Paul VI., apostolische Lehrer eines Friedens in Gerechtigkeit. –
Dietrich Bonhoeffer und Max Josef Metzger, ihr Pioniere der christlichen Ökumene im Dienst am Frieden. –
Bertha von Suttner, Carl von Ossietzky und Franziskus Maria Stratmann, ihr Vorkämpfer für die Abschaffung der Waffen und des Krieges. –
Albert Schweitzer, du Arzt, Theologe und Musiker, prophetischer Lehrer der Ehrfurcht vor allem Lebendigen. –
Gandhi, erleuchteter Hindu-Gläubiger und Verehrer der Bergpredigt Jesu, du Vorkämpfer im gewaltfreien Widerstand. –

Martin Luther King, du Prophet der Gewaltlosigkeit und Visionär einer Gesellschaft ohne Rassenschranken. –
Simone Weil, du hast mit den verfolgten Juden solidarisch gehungert bis zum Tode. –
Edith Stein und Maximilian Kolbe, ihr Opfer des NS-Rassenwahns gegen Menschen jüdischer und slawischer Abstammung. –
Hans und Sophie Scholl, mit der Gruppe der Weißen Rose habt ihr euer Leben aufs Spiel gesetzt und Unrecht beim Namen genannt. –
Franz Jägerstätter und Josef Savelsberg, ihr Verweigerer des Soldatendienstes in Hitlers Wehrmacht. –
Elsa Brändström und Maria Euthymia Üffing, ihr „Engel der Liebe" für Menschen in Kriegsgefangenschaft während des Ersten und Zweiten Weltkriegs. –
Bischof Theas, Robert Schuman und Manfred Hörhammer, ihr französischen und deutschen Vorkämpfer für die Versöhnung früherer Erbfeinde. –
Alfons und Elisabeth Erb, ihr Bauleute der Versöhnung zwischen uns Deutschen und den polnischen Nachbarn. –
Jerzy Popieluszko, du Verteidiger der Würde und Rechte der polnischen Gewerkschafter. –
Lady Diana Spencer, britische Mitstreiterin im weltweiten Kampf um Ächtung der Landminen. –
Pierre Teilhard de Chardin, du Lehrmeister einer evolutiven Weltsicht und Verehrer des kosmischen Christus. –
Bischof Oskar Romero und ihr Mary-Knoll-Schwestern Maura, Ita und Dorothy, Diener und Dienerinnen der Gerechtigkeit in El Salvador. –
All ihr bekannten und unbekannten Frauen, Männer und Kinder in unseren Tagen und vor unserer Zeit, die ihr euer Leben gegeben habt für mehr Gerechtigkeit, Frieden und die Bewahrung der Schöpfung. –

Jesus, du Gesalbter Gottes und Fürst des Friedens! –
Erlöse uns, o Herr!
Von unserer Gleichgültigkeit gegenüber Unrecht, das zum Himmel schreit. –
Von einem Leben in Krieg, Hass und Gewalt. –
Von einem unkritischen Fortschrittsglauben. –
Durch den Glauben an das Gute im Menschen. –
Durch Liebe zu dir und den Nächsten sowie uns selbst. –
Durch die Hoffnung auf einen neuen Himmel und eine neue Erde! –

Peter Kopmeier, nach einer Vorlage von Pax Christi USA

Die Träume vom Frieden täglich leben

Barmherzig mit sich selbst werden
Wissen um die eigenen Drachen
Hoffen dass aus Wunden Perlen werden
Sich wieder ansehen können

Dem Bruder und der Schwester verzeihen
Der Verzweiflung die Hoffnung entgegensetzen
Einander die Hand geben
Eine Kerze anzünden

Den Tag dankbar beschließen
Als sei es der letzte Tag

Frieden in Gott finden

Wolfgang Schuster

Quellenverzeichnis

S. 12: © Claudia Auffenberg, BDKJ-Diözesanverband Paderborn.

S. 14 (2): Auszug aus einem Brief des Bischofs der Evangelischen Kirche von Kurhessen-Waldeck, Dr. Martin Hein, an die Pfarrerinnen und Pfarrer der Landeskirche zum Irakkonflikt vom 20. Januar 2003.

S. 31, 66 (2): © Fürbittendienst BROT FÜR DIE WELT, Redaktion Informationszentrum Dritte Welt Herne.

S. 44 (2), 89, 148: aus: Den Frieden feiern. Elemente für den Gottesdienst, zusammengestellt von Klemens Richter (herausgegeben vom Deutschen Pax-Christi-Sekretariat 1983).

S. 51: aus: Friedensgebet am Mittag, herausgegeben von der Kirchenkanzlei der EKD, Hannover.

S. 86, 107: mit freundlicher Unterstützung der Autoren aus: Marcus C. Leitschuh / Cornelia Pfeiffer (Hg.), Gemeinsam entdecken. Ökumenische Gebete und Meditationen, © Bonifatius & Verlag Otto Lembeck, 2003.

S. 90 (2): aus: Robert Leicht, Wer's glaubt wird selig, © Verlag Herder, Freiburg 2002.

S. 96: aus: Auferstehen statt Herzversagen – Texte junger Christen, zusammengestellt und redigiert von Susanne Jahn, Marcus C. Leitschuh und Dieter Wagner, © Kolpingwerk Fulda 1995.

S. 101: aus: Dietrich Bonhoeffer, London 1933–1935, © Chr. Kaiser/Gütersloher Verlagshaus GmbH, Gütersloh.

S. 127: aus: Die Welt nach dem 11. September. Eindrücke – Erinnerungen – Ausblicke, herausgegeben von Edmund Bercker und Reinhard Abeln, Verlag Butzon & Bercker, Kevelaer 2002.

S. 136: aus: Bittgottesdienst für den Frieden der Welt 2002, herausgegeben vom Kirchenamt der EKD Hannover, 2002, 32–34.

S. 154: mit freundlicher Genehmigung des Pattloch Verlages aus: Marcus C. Leitschuh (Hg.): Fit für Gott. Gebete und Texte junger Christen, © Pattloch 1998.

Die Texte des Friedensgebetes von Assisi 2002 wurden in der deutschen Übersetzung des Vatikans von der Apostolischen Nuntiatur in Deutschland zum Abdruck freigegeben.

Die Texte mit Altersangaben wurden von Schülerinnen und Schülern im Religionsunterricht der Förderstufenklasse 5a und der Gymnasialklasse 7 an der Freiherr-vom-Stein-Gesamtschule Immenhausen geschrieben.

Die Rechte an den übrigen namentlich gezeichneten Texten liegen bei den Autoren/Autorinnen.

In einigen Fällen war es leider nicht möglich, die genaue Quelle herauszufinden. Hinweise nimmt der Verlag gerne entgegen.

Die Überschriften wurden zum Teil für diese Veröffentlichung neu formuliert.

Hingewiesen sei auf die inspirierende Homepage
www.frieden-stiften.de